KB007164

우리 고을 명당이라오

우리 고을 명당이라오

초판 1쇄 발행 | 2023년 12월 15일
지은이 | 이기봉
펴낸이 | 이연숙

펴낸곳 | 도서출판 덕주
출판신고 | 제2018-000137호
주소 | 서울시 종로구 인사동길 19-2(와담빌딩) 6층
전화 | 02-733-1470
팩스 | 02-6280-7331
이메일 | duckjubooks@naver.com
홈페이지 | www.duckjubooks.co.kr

ISBN 979-11-979349-5-7 (03180)

풍수 따라 떠나는 도시 여행

明

우리 고을 명당이라오

이기봉 지음

덕주

책머리에

명당은 살기에 좋은 땅인가?

명당에 집터나 무덤을 잡으면 거기에 사는 사람이, 묻힌 사람의 자손이 성공하는가?

명당에 궁궐을 잡으면 국가가 번영하는가?

이런 질문을 받으면 풍수사상을 믿든 안 믿든 우리나라 사람 대부분이 갑자기 관심이 생기지 않을까 합니다. 이 책의 1부에서 나는 지금까지 알려진 적이 없는 관점에서 그 해답을 제공해드리려고 합니다. 풍수가 왜 어떻게 탄생하였고, 어떤 상징적 의미를 갖고 있었으며, 그 개념이 고대부터 현대에 이르기까지 어떻게 변화해왔는지 큰 틀에서 설명해드릴 겁니다. 처음 읽어갈 때는 기존의 풍수 이해와 너무나 달라서 혼돈스러울 것이지만 다 읽고 나면 모두는 아니더라도 다수의 분들이 수긍할 수 있을 것이라 자신합니다.

풍수는 고대부터 우리의 풍토에서 자연스럽게 태어나고 정착한 우리 민족 고유의 자연관인가?

풍수는 인간과 자연의 조화를 추구하는 자연친화적인 자연관인가?

우리나라 방방곡곡의 고을 읍치는 모두 풍수의 명당 형국에 자리 잡고 있었는가?

풍수사상을 전문적으로 연구하거나 관심을 가진 분들은 당연하겠지만 풍수를 믿지 않더라도 우리나라 사람 대부분이 이 질문에 긍정적으로 답하지 않을까 합니다. 겨울철이 추운 대륙성기후이고 산이 많은 우리나라의 지형에서 마을, 도시, 무덤 등이 산을 등지고 물을 바라보는 배산임수(背山臨水)의 입지를 하는 것은 자연스럽고 당연한 것이라고 귀에 따갑게 배우고 들어왔을 테니까요. 우리나라 사람들에게 배산임수의 입지는 시공간을 초월한 정당성을 갖고 있는 듯하고, 풍수로 자연스럽게 연결되는 매개 고리 역할을 해왔다고 봅니다. 하지만 과연 그럴까요?

이 책에서 여러분들은 조선시대 고을의 읍치 중 풍수의 명당 논리에 따라 선택되고 만들어진 사례가 다수가 아니라 소수라는 놀라운 사실을 접할 겁니다. 예를 들어 전국적으로 크고 중요한 고을의 읍치일수록 풍수의 주산-좌청룡-우백호-안산의 산과 산줄기 어느 하나 설정할 수 없는 허허벌판의 한가운데에 자리 잡았습니다. 수많은 역사 연구자들이 그런 읍치들을 답사하거나, 답사까지는 아니더라도 여행하거나 지나갔을 겁니다. 그런데 지금까지 아무도 그 사실을 알아채지 못했습니다. 나로서는 의아할 뿐입니다. 왜 그랬을까요? 혹시 여러분들은 어떠셨나요?

이 책의 2부, 3부, 4부를 읽어가는 과정에서 풍수사상이 우리나라 고을 읍치의 입지에 영향을 미치기 시작한 시기가 일반적인 인식보다 오래되지 않은 조선 세종 때부터였다는 것, 그래서 조선시대 다수의 읍치가 풍수적 결함을 많이 갖고 있었다는 사실을 알게 될 겁니다. 더불어 그 때문에 '우리 고을 명당이라오!'라는 소망 공간을 담아내고자 했던 조선 후기의 그림식 고을 지도에 일반적인 상상을 초월하는 기발하고 다양한, 그래서 창조적 예술이라고까지 말해야 좋을 듯한 비보풍수가 담겨 있다는 사실도 새롭게 경험할 수 있을 것입니다.

2002년 2월 규장각한국학연구원에 고지도 업무를 담당하는 특별연구원으로 취직하였고, 이후 객원연구원, 책임연구원으로 이름을 바꿔가며 7년 2개월 동안 근무했습니다. 2009년 4월에는 주요 업무가 고지도 담당인 국립중앙도서관 고서전문원에 지원하여 취직할 수 있었고, 학예연구관으로 재직하고 있는 지금까지 약 22년 동안이나 밥 먹고 연구하며 살 수 있게 해준 고마운 존재가 고지도입니다. 저와 가족의 삶이 고지도에 너무나 큰 빚을 진 겁니다. 이 빚을 갚기 위해 김정호를 비롯하여 고지도 관련 책을 꽤 많이 출판했음에도 아직도 미안한 마음이 남아 또 한 권의 고지도 책을 쓰게 되었습니다.

이 책은 조선 후기의 그림식 고지도 속에 강하고 깊게 담겨 있는 조선 사람들의 소망 공간, 즉 풍수의 명당을 향한 강렬한 열망을 소개하고 그것을 체계적으로 설명해드리고자 기획되었습니다. 기획의 목표를 얼마만큼 달성했는지는 독자들의 반응을 통해서 확실히 알 수 있는 것이겠지만 다 편집하고 나서 글을 다시 읽어보니 나 스스로의 관점에서는 어느 정도 달성했다는 만족감이 느껴져서 다행입니다.

글 한 편 한 편이 끝날 때마다 읽어주고 간단한 코멘트를 보내주며 글이 끝날 때까지 함께 호흡해준 동료 유종연 선생님, 꼼꼼하게 읽고 수정하고 편집해서 새롭고 멋진 글로 재탄생시켜 준 김학경 선생님께 감사드립니다. 어려운 주제로 책을 쓸 용기와 출판할 수 있는 기회를 제공해준 이연숙 대표님, 멋진 디자인과 편집으로 책에 생명을 불어넣어준 덕주출판사의 모든 관계자 여러분께 깊은 감사와 고마운 마음을 전합니다.

2023년 8월 14일

개웅산과 목감천이 만나 서울에서 가장 살기 좋은 동네 개봉동
영화아이닉스아파트에서
아끔말 이기봉 씀

차례

2부
풍수점수 빵점 고을, 100점의 명당 고을로 만들어라

3부

우연히 풍수점수 25~75점이 되다

4부
풍수의 명당 논리에 맞는 읍치를 찾아라

일러두기

<해동지도>, <1872년 지방지도>의 그림식 고을지도 : 규장각한국학연구원에 소장되어 있는 자료임. 해당 연구원의 홈페이지(kyu.snu.ac.kr)에서 바로가기 '원문검색서비스 → 고지도 → 필사본(회화식) → 해동지도 또는 1872년 지방지도' / '원문검색서비스 → 고지도 → 지방광역단체 이름 → 지방자치단체 이름'의 순서로 들어가면 원문 이미지를 모두 볼 수 있고, 다운로드도 가능함.

<대동여지도> : 규장각한국학연구원에 소장되어 있는 자료임. 해당 연구원의 홈페이지(kyu.snu.ac.kr)에서 '대동여지도'로 검색 후 청구기호 '奎10333'의 대동여지도 '원문 이미지'를 누르면 모두 이어붙인 대동여지도 이미지를 볼 수 있음. 원본 크기로 확대 가능하며, 다운로드도 가능함.

<일제강점기 1:5만 지형도> : 종로도서관에 소장되어 있는 자료임. 국사편찬위원회의 홈페이지(www.history.go.kr)에서 '한국사데이터베이스 → 일제강점기 → 한국근대지도자료'의 순서로 들어가면 원문 이미지를 모두 볼 수 있고, 다운로드도 가능함.

<삼국사기>, <고려사> : 국사편찬위원회의 홈페이지(www.history.go.kr)에서 '한국사데이터베이스 → 고대 또는 고려시대 → 삼국사기 또는 고려사'의 순서로 들어가면 원문, 번역문, 원문 이미지를 모두 볼 수 있음. 원문 이미지는 다운로드도 가능함.

<조선왕조실록> : 국사편찬위원회의 홈페이지(www.history.go.kr)에서 '조선왕조실록'으로 들어가면 원문, 번역문, 원문 이미지를 모두 볼 수 있음. 원문 이미지는 다운로드도 가능함.

1부

그림식 고을지도,
최고의 비보풍수 이야기

명당의 의미가 변하다

우리는 일상생활에서 내 주거 공간이나 점포, 사무실 등을 찾은 사람으로부터 '야~ 여기 진짜 명당이네.'라는 말을 들으면 저절로 기분이 좋아집니다. 일종의 대박이 날 것이라는 덕담으로 기분이 좋습니다. 그뿐만 아니라 계곡에서 쉬거나 놀기에 좋은 자리를 잡았을 때도, 높은 건물이나 산에서 전망이 좋은 자리에 섰을 때도, 운동경기나 콘서트를 구경하기에 딱 좋은 자리에 앉았을 때도 우리는 '여기가 명당이네!'라는 말을 쓰며 행복해합니다. 명당이라는 말 속에는 돈을 많이 벌거나 정치적, 사회적으로 출세하는 등의 기대감이 들어 있기 때문입니다. 그렇다면 명당은 원래부터 그런 기대를 하게 하는 곳이었을까요? 그동안 필자의 연구 결과에 따르면 그런 기대와는 거리가 멉니다.

물론 풍수에 대한 신념이나 믿음은 개인의 철학이나 사고의 영역이기 때문에 각자의 몫으로 남겨두어야 합니다. 이러한 믿음은 어떤 존재나 장소가 신비한 힘을 갖고 있다는 것에 바탕을 두며 객관적으로 증명할 수 없는 종교의 영역에 해당합니다. 명당에 살거나 묻히면 좋은 일이 생길 것이라고 믿는 풍수가 종교로까지 발전했다고 보기 어렵지만 종교와 비슷한 성격을 갖고 있는 것 또한 어느 정도 인정해야 합니다. 세계 최고 수준의 민주주의 국가인 대한민국에서 종교나 어떤 신비한 힘에 대한 믿음은 타인의 권리를 해치지 않는 한 개인의 자유에 속합니다. 따라서 풍수의 명당에 대한 다양한 믿음까지 침해하는 것은 타당하지 않습니다.

그런데 우리가 알고 있는 명당에 대한 개념이 시대적으로 변해왔다는 생각을 해본 적이 있나요? 이제부터 필자가 20여 년 동안 연구해왔던 도시와 역사를 연계하여 일반적으로 알려진 것과 다른 이야기를 하도록 하겠습니다.

21세기의 대한민국에서 이렇게 일상적으로 사용하는 명당이라는 용어가 조선 후기 내내 수도와 궁궐, 지방 고을의 도시와 관아, 사찰과 향교와 서원, 마을과 집, 무덤 등 모든 공간의 터잡기에서 유행했던 풍수 사상에서 온 것이라는 사실은 비교적 잘 알고 있습니다. 그렇다면 여기서 풍수 사상에서 말하는 전형적인 명당도(明堂圖)부터 살펴보겠습니다.(그림 1)

전형적인 명당도에서 명당은 지형적으로 뒤쪽의 조종산(祖宗山)[1]에서 뻗어 내린 산줄기가 주산(主山)[2]으로 솟아 있고, 그로부

1 조종산(祖宗山) : 뒤쪽에서 풍수의 주산까지 이어진 산줄기가 시작된 산을 조산(祖山)이라 하고, 조산에서 주산까지 이어진 산줄기 중간에 다시 솟아오른 산을 종산(宗山)이라 부른다. 조산과 종산을 합해 조종산(祖宗山)이라고 한다.

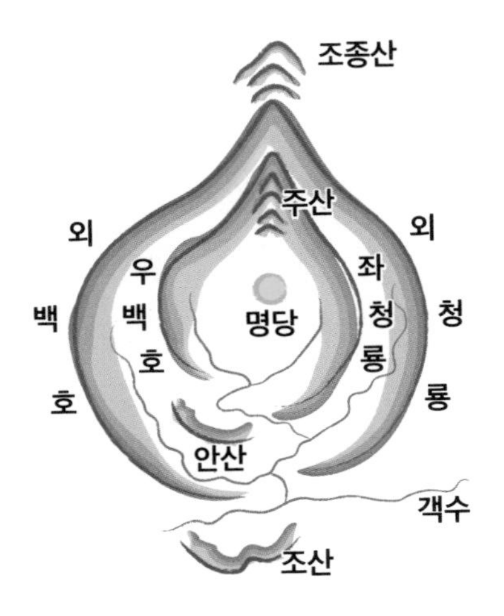

그림 1 풍수의 명당도

터 왼쪽과 오른쪽으로 좌청룡(左青龍)[3]과 우백호(右白虎)[4]의 산줄기가 감싸며, 앞쪽으로는 안산(案山)[5]이 솟아 있습니다. 그리고 더 좋다면 바깥쪽으로도 외백호와 외청룡의 산줄기가 감싸며 뻗어나가

---

2 주산(主山) : 풍수의 명당 뒤쪽에 솟아난 주인(主) 산(山)으로, 명당의 중심축 역할을 하므로 어떤 명당도 주산 없이는 형성될 수 없다. 동아시아 문화권에서 북쪽은 겨울과 죽음의 세계를 상징하는 현무(玄武)이며, 색으로는 검은색(玄)이다.

3 좌청룡(左青龍) : 풍수의 주산에서 앞쪽의 명당을 바라볼 때 왼쪽(左)으로 뻗어나간 산과 산줄기를 가리킨다. 동아시아 문화권에서 해가 뜨는 동쪽은 만물이 생동하는 봄을 상징하는 청룡(青龍)이며, 색으로는 푸른색(青)이다. 주산이 북쪽에 있을 경우 좌청룡은 동쪽에 있다.

4 우백호(右白虎) : 주산에서 앞쪽의 명당을 바라볼 때 오른쪽(右)으로 뻗어나간 산과 산줄기를 가리킨다. 동아시아 문화권에서 해가 지는 서쪽은 추수의 계절 가을을 상징하는 백호(白虎)이며, 색으로는 흰색(白)이다. 주산이 북쪽에 있을 경우 우백호는 서쪽에 있다.

5 안산(案山) : 주산에서 앞쪽의 명당을 바라볼 때 건너편에 있는 산으로, 주산의 관점에서 책상(案) 같은 역할을 하므로 안산(案山)이라 하였다. 동아시아 문화권에서 남쪽은 해가 작렬하는 여름을 상징하는 주작(朱雀)이며, 색으로는 붉은색(朱)이다. 주산이 북쪽에 있을 경우 안산은 남쪽에 있다.

고, 앞쪽으로 객수(客水)[6] 너머에 조산(朝山)[7]이 솟아 있습니다. 이런 지형에서는 산줄기 사이사이로 명당수(明堂水)[8]가 흘러내려 합해지면서 빠져나가 객수에 합류합니다.

하지만 지금 명당을 이런 식의 지형적 관점에서 바라보는 사람은 극소수일 뿐입니다. 주변의 지형과 아무런 상관없이 그저 대박이 날 것 같은, 주변의 다른 곳보다 놀거나 쉬기 좋고 전망이 끝내준다는 덕담 정도의 뜻으로만 사용되고 있습니다. 지난 100여 년 동안 풍수의 의미가 엄청나게 바뀐 것입니다. 하지만 이렇게만 말하면 명당이라는 용어가 풍수 사상에서 처음으로 사용된 것처럼 오해할 수도 있습니다.

본래 명당은 중국에서 풍수 사상이 발생하기 훨씬 이전부터 사용된 용어입니다. 명당의 한자어 '明堂'은 '세상을 밝게 만드는〔明〕 집〔堂〕'이라는 뜻입니다. 고대 중국에서 세상을 밝게 만들 수 있다고 말할 수 있는 사람은 하늘로부터 이 세상 또는 국가를 다스릴

---

6 객수(客水) : 사방이 산과 산줄기로 둘러싸여 있으면 물이 고여서 호수가 되기 때문에 당연히 풍수의 명당이 될 수 없다. 따라서 풍수의 명당이 되려면 한쪽은 뚫려 있어야 하고, 명당수 두 줄기가 명당 앞에서 합해진 후 이 방향으로 빠져나가서 바깥쪽의 더 큰 하천에 합류한다. 이 바깥쪽의 더 큰 하천은 명당의 주인은 아니기 때문에 손님〔客〕 물줄기〔水〕라는 의미로 객수(客水)라고 한다.

7 조산(朝山) : 주산에서 앞쪽의 명당을 바라볼 때 객수 건너에 있는 산을 가리킨다. 신하가 임금 뵙는 것을 조(朝)라고 하는데, 가운데에 안산을 탁자로 두고 임금을 상징하는 주산을 뵙는 형세에 있는 산이기 때문에 조산(朝山)이라고 하였다.

8 명당수(明堂水) : 주산에서 풍수의 명당까지 산줄기가 연결되어 있기 때문에 주산과 좌청룡, 주산과 우백호 사이에서는 물줄기가 있을 수밖에 없다. 이렇게 명당을 좌우로 흐르는 두 물줄기를 명당수라고 하며, 앞쪽에 안산이 가로막고 있기 때문에 명당 앞에서 합류하여 안산을 오른쪽 또는 왼쪽으로 돌아 빠져나간다.

권위를 부여받은 하늘의 아들이라는 '천자(天子)' 한 사람뿐이었습니다. 명당은 이러한 권위를 가진 천자가 제후를 포함한 고위 벼슬아치들의 문안을 받고 국가의 주요 정사를 논의하던 집, 즉 궁궐의 정전(正殿)만을 가리켰습니다. 그래서 정전은 천자의 권위를 가장 상징적으로 담고 있는 건축물입니다. 여기서 천자는 황제나 왕이나 임금이라는 말로 바꾸어도 상관없습니다(앞으로는 천자로 용어를 통일함). 조선의 서울에서 예를 들어보면 경복궁의 근정전, 창덕궁의 인정전, 창경궁의 명정전, 경희궁의 숭정전, 덕수궁의 중화전만을 명당으로 부를 수 있었습니다.

만약 조선 후기처럼 지방 고을과 관아, 사찰과 서원, 마을과 집, 양반의 무덤 등을 명당이라고 지칭하는 일이 고대 중국에서 발생했다면 무슨 일이 벌어졌을까요? 이것은 반역을 의미합니다. 그리고 반역이 성공하면 모르겠지만 성공하지 못한다면 구족(九族)[9]을 멸하는 죽음만이 있을 뿐입니다. 이렇듯 고대 중국에서는 명당이 천자가 사는 궁궐의 정전에만 사용되는 아주 제한적이고 신성한 용어였습니다. 그런데 조선 후기의 풍수에서는 명당이라는 용어가 궁궐의 정전에만 한정되지 않고 거의 모든 삶터와 무덤에까지 넓게 사용되었습니다. 최초의 명당 개념이 엄청나게 바뀐 것입니다.

---

9 구족(九族) : 고조(高祖)로부터 증조·할아버지·아버지·자기·아들·손자·증손·현손까지의 직계친(直系親)을 중심으로 하여 방계친(傍系親)으로 고조의 4대손이 되는 형제·종형제·재종형제·삼종형제를 포함하는 동종(同宗)의 친족을 가리킨다.

풍수사상,
개혁으로 나타나다

이제 명당의 개념이 엄청나게 바뀌게 된 계기와 과정을 살펴보겠습니다. 풍수에서 가장 핵심적인 개념은 땅속을 흘러 다니던 기운이 명당에서 솟아나 그곳에 집을 짓고 사는 사람이나 무덤을 쓴 사람의 자손에게 좋은 일이 일어날 수 있도록 해준다는 지기(地氣)[10] 개념입니다. 그런데 천자가 사는 궁궐의 정전만 가리켰던 중국 고대의 명당에는 지기란 개념이 들어설 틈이 없었습니다. 고대 중국에서는 지기란 개념 자체가 없었다는 의미입니다. 이러한 이유를 따져보기 위해서는 명당이나 정전이라는 단어만 나열해서는 안 됩니다. 고대 중국의 정전, 즉 명당이 어디에 어떤 모습으로 만들어졌고 그것이 무엇을 상징했는지 알아야 합니다.

고대 중국의 수도는 산과 산줄기가 보일락 말락 저 멀리 물러

---

10 지기(地氣) : 하늘의 기운이 주산에 내려오고, 이 기운이 지기(地氣)로 바뀌어 산줄기를 따라 땅속을 흘러 다니다 명당에서 솟아난다고 이해하였다.

간 허허벌판의 완전 평지에 사각형의 기하학적 모양으로 만드는 것을 최고로 여겼습니다. 천자가 사는 궁궐과 거기에서 가장 권위 있는 건축물인 정전, 즉 명당은 하늘의 아들로서 이 세상 또는 국가를 통치한다고 인식된 천자의 권위를 누가 보아도 느낄 수 있도록 크고 웅장하며 화려하게 지었습니다.(그림 2)

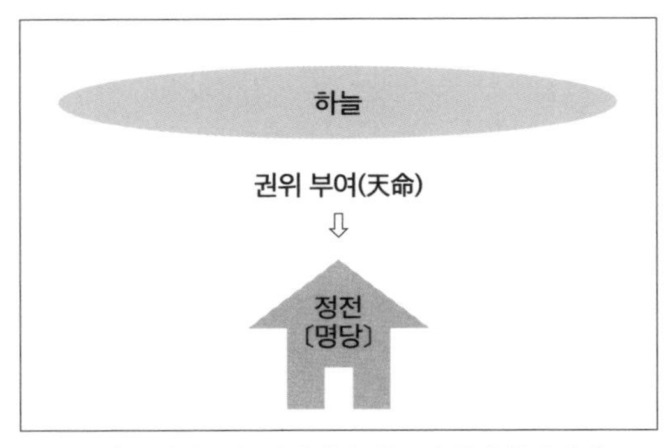

그림 2 천명(天命)의 개념과 하늘-정전(명당)의 관계

이러한 정전이 있는 궁궐을 앞에서 바라보며 다가간다면 하늘=궁궐의 2단계 풍경만 볼 수 있습니다. 이것은 궁궐, 그리고 그중에서도 핵심인 정전이 인간 사회의 질서를 만들고 움직이는 힘의 근원인 하늘과 바로 연결된 신성한 공간이라는 상징성을 갖고 있습니다. 이러한 상징 구조에서 땅과 관련된 지기(地氣)라는 개념은 끼어들 여지가 전혀 없습니다.

그런데 궁궐의 정전은 아니지만 명당이라는 용어를 사용할 수 있는 곳이 하나 더 있었습니다. 바로 천자가 죽어서 묻히는 무덤입니다. 천자는 살아서도 하늘과 바로 연결되는 유일하고 신성한 존재라는 최고의 권위가 있어야 했고, 죽어서도 그 권위는 유지되어야 했습니다. 고대 중국에서는 천자 무덤도 산과 산줄기가 보일락 말락 저 멀리 물러간 허허벌판의 완전 평지에 하늘의 아들인 천자의 권위를 누가 보아도 느낄 수 있도록 크고 웅장하게 만들었습니다. 이러한 특성상 천자의 무덤도 앞에서 바라보았을 때 하늘과 곧바로 연결되는 하늘=무덤의 2단계 상징 구조였고, 그렇기 때문에 땅과 관련된 지기라는 개념은 끼어들 여지가 전혀 없었습니다.

그런데 새로운 반전이 일어납니다. 크고 웅장한 무덤을 개혁하고 싶어 하는 무리가 나타난 것입니다. 살아 있는 천자의 권위를 상징하는 궁궐과 정전은 1년 365일 누구에게나 시각적으로 권위를 갖고 있어야 하지만 천자의 무덤은 제사를 지내는 일정한 시기만 드나들었기 때문에 굳이 그럴 필요까지는 없었습니다. 그런 천자의 무덤에 너무 많은 국력을 소비한다는 사고의 성장과 함께 이런 개혁을 주장하는 흐름이 나타났는데 그것이 열매를 맺은 것이 풍수 사상입니다.

개혁은 기존과 확실하게 달라지는 것을 의미합니다. 크고 웅장한 무덤의 전통을 확실하게 달라지게 하는 것은 정반대로 작고 웅장하지 않게 무덤을 만드는 것입니다. 그런데 만약 천자의 무덤이 작고 웅장하지 않게 보인다면 과연 사람들에게 권위가 설 수 있었을까요? 계속해서 무덤을 크고 웅장하게 만들어왔기 때문에 작고 웅장하지 않은 무덤으로는 권위가 서기 어려웠을 것입니다. 물론 크고 웅장한 천자의 무덤을 개혁하는 방법으로 작고 웅장하지 않게 만드는 방법만 있었던 것은 아닙니다. 중국 당나라에서는 크고 웅장한 산을 무덤의 봉분으로 여기고, 그 안에 요즘의 터널 같은 것을 뚫어서 황제의 관을 안치시키는 방법이 등장하기도 했습니다. 하지만 그 방법은 이후의 왕조에서 계승되지 않았고 대신 작고 웅장하지 않게 만들면서도 크고 웅장하게 보이는 방법을 개발했습니다. 이것이 풍수 사상입니다.

작고 웅장하지 않으면서도 크고 웅장하게 하라

풍수 사상이 작고 웅장하지 않게 만들면서도 크고 웅장하게 보이는 방법이라는 말은 처음 듣는 것이라서 잘 이해가 가지 않을 수도 있습니다. 그래서 앞에서 본 풍수의 명당도를 다시 한번 살펴보며 설명하겠습니다. (16쪽 그림 1 참조)

천자의 무덤이 들어설 풍수의 명당 뒤쪽에 무엇이 있나요? 천자의 무덤보다 크고 웅장한 주산이 있습니다. 그렇다면 앞쪽에서 주산과 천자의 무덤을 바라봤을 때 천자의 무덤이 크고 웅장하게 보일까요? 당연하지만 뒤쪽의 주산이 더 크고 웅장하기 때문에 그 앞에 있는 천자의 무덤은 상대적으로 크고 웅장하게 보이기 어렵습니다.

그래서 명당 뒤쪽에 크고 웅장한 주산을 설정하는 풍수에서는 무덤을 크고 웅장하게 만들어봐야 소용없다는 인식이 깔려 있습니다. 그런데 앞에서 살펴본 바와 같이 천자의 무덤이 작고 웅장하지 않게 보이면 사람들에게 권위가 서기 어렵습니다. 따라서 풍

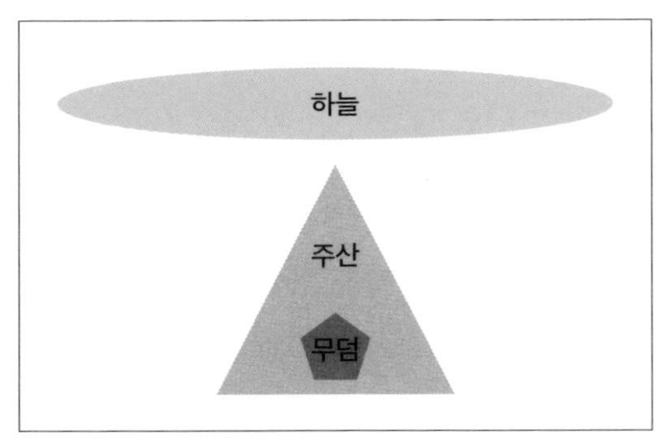

그림 3 천자의 무덤과 주산-하늘의 관계

수에서는 이 문제를 어떻게든 해결해내지 않으면 안 되었습니다.

그림 3에서 천자의 무덤은 앞에서 바라보면 하늘=주산=무덤의 3단계 풍경으로 보입니다. 여기서 주산이 크고 웅장하니까 무덤은 그렇게 크고 웅장한 주산과 시각적으로 일치되는 느낌이 들게 됩니다. 그렇다면 무덤 자체는 크고 웅장하지 않아도 됩니다. 이것이 바로 풍수 사상이 무덤을 작고 웅장하지 않게 만들면서도 크고 웅장하게 보이는 방법입니다.

하늘 = 주산 = 무덤의 3단계 상징 구조에서 천자의 무덤은 시각적으로 하늘과 바로 연결되지 않고 크고 웅장한 주산을 매개체로 하늘과 연결됩니다. 그리고 이런 상징구조에서는 그림 4처럼 '하늘의 명(天命)'[11]이 주산으로 내려와서 지기로 바뀌어 땅속으로 들

11 하늘의 명(天命) : 세계 및 인간 사회의 질서를 관장하는 하늘과 인간의 관계를 나타내는 유학의 핵심 개념으로, 천자(天子) 또는 왕(王) 또는 임금이라는 최고 권력에 대한 정당성의 근거가 되었다.

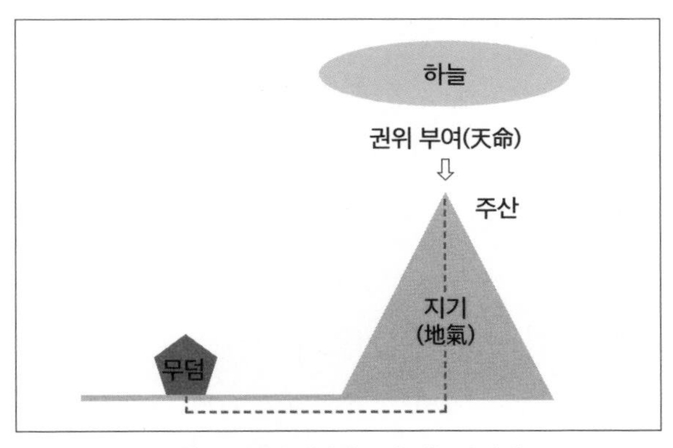

그림 4 지기의 개념과 주산-하늘의 관계

어가고 산줄기를 따라 흘러내리다 천자의 무덤, 즉 명당에서 솟아난다는 신비한 논리가 만들어진 것입니다.

여기에서 풍수의 명당도에 그려진 좌청룡과 우백호, 안산이 왜 만들어지게 되었는지도 살펴볼 필요가 있습니다. 이 또한 기존의 논리와 다르게 시각적 측면에서 설명할 수 있습니다.

인간의 시각은 사물의 크기를 주변과의 관계 속에서 상대적으로 인식합니다. 그래서 하늘=주산=무덤의 3단계 풍경에서 사람이 가까이 다가가면 다가갈수록 시각적으로 무덤의 크기는 커지고 산은 작아집니다. 반대로 사람이 3단계 풍경으로부터 멀어지면 멀어질수록 무덤의 크기는 작아지고 산은 커집니다. 만약 무덤 앞쪽에 가림막이 없는 허허벌판 멀리서 하늘=주산=무덤의 3단계 상징 풍경을 바로 바라볼 수 있게 만들었다면 주산은 엄청나게 크게 보이지만 천자의 무덤은 거의 보이지 않거나 보이더라도 손톱만 하게 보일 것입니다. 이런 현상이 발생한다면 시각적으로 무덤의 주인공인 천자의 권위가 설 수 있을까요?

이를 방지하기 위해 주산과 비교하여 천자의 무덤이 지나치게 작게 보이지 않는 일정 지점까지는 하늘 = 주산 = 무덤의 3단계 풍경을 볼 수 없게 만들 필요가 있었습니다. 그래서 천자의 무덤 앞쪽에 우뚝 솟은 안산을 배치하고 좌우로는 주산에서 뻗어 내린 좌청룡과 우백호의 산과 산줄기로 둘러쳐서 천자의 무덤이 지나치게 작게 보이지 않는 일정 지점에 이르기까지는 천자의 무덤을 절대 볼 수 없게 만든 것입니다. 이런 지형 구조에서 두 개의 하천이 주산의 좌우에서 각각 발원하여 아래로 흐르다 명당, 즉 천자의 무덤 앞에서 만나 빠져나가게 됩니다. 그리고 이런 논리를 만들었습니다.

좌청룡-우백호-안산의 산과 산줄기로 둘러싸인 명당은 '바람을 가두고〔장풍(藏風)〕 물을 얻을 수 있어〔득수(得水)〕'[12] 주산에서 땅속을 타고 흘러 내려 온 지기가 흩어지지 않고 솟아나게 하는 곳입니다. 이것이 장풍득수(藏風得水)의 논리입니다.

---

12 '바람을 가두고〔장풍(藏風)〕 물을 얻을 수 있어〔득수(得水)〕' : 풍수(風水)는 장풍득수(藏風得水)의 줄임말이다. 명당을 둘러싼 주산-좌청룡-우백호-안산이라는 산과 산줄기는 모양상 당연히 바람을 가두고 좌우에서 물이 모이는 형세이기 때문에 붙인 용어이다.

설명되어서는 안 되는 개념, 지기를 만나다

결국 주산-좌청룡-우백호-안산 그리고 풍수의 명당(무덤) 모두 주산을 매개체로 하늘과 연결되는 천자의 권위를 느끼게 만들기 위한 시각적 관점에서 설정된 것입니다.

인간의 감각 중에서 멀리서부터 느끼고 생각하며 판단하게 만드는 최고의 감각 기관은 청각도 촉각도 아니고 시각입니다. 그래서 도시, 궁궐, 정전, 무덤과 같은 건축물의 상징적 권위 표현은 청각과 촉각이 아니라 시각을 최우선으로 고려하면서 만듭니다. 크게, 높게, 웅장하게, 화려하게, 섬세하게, 아름답게 등등 전통 시대의 권위 건축물에서 나타나는 특징들을 이해할 때 이 점을 꼭 잊어서는 안 되며, 권위 건축물의 터잡기와 연결된 풍수 사상 또한 그것을 벗어날 수 없습니다.

풍수의 지기(地氣)와 관련하여 일반적으로 알려진 이런 물음이 있습니다. 지기(地氣)는 과연 실재하면서 좁게는 명당에 사는 사람이나 묻힌 사람의 자손들에게 길흉화복(吉凶禍福)의 영향을, 넓게는 명당에 수도나 궁궐터를 잡은 국가에게 흥망성쇠(興亡盛衰)의 영향을 미쳤을까요?

풍수를 강하게 믿는 분들은 이 물음에 대해 당연히 긍정적으로 볼 것입니다. 하지만 이미 살펴본 것처럼 지기라는 개념은 주산을 매개체로 하늘과 연결된 천자 무덤의 권위 표현을 위해 만들어진 것이지 실재하는 것이 아닙니다. 그러니까 당연히 사람의 길흉화복이나 국가의 흥망성쇠에 영향을 미칠 리도 없습니다. 그래도 혹시 지기가 약간이라도 우리 삶에 영향을 미치는 것은 아닐까요?

지기의 실재 여부나 그 영향력에 대해 평상시에는 전혀 생각하지 않다가도 막상 이와 같은 질문을 갑작스럽게 받으면 영향력이 전혀 없다고 자신 있게 대답하기가 쉽지 않을 것입니다. 지기는 실재하지 않는 것이기 때문에 실재하지 않는다는 것을 증명할 방법이 없습니다. 실재하지 않는데 실재하지 않는다는 것을 증명해 보라는 요구를 받으면 그게 참 난처합니다. 그래서 우회적으로 실재하지 않음을 추론적으로 설명할 수밖에 없습니다.

세습적인 신분제가 사회 운영의 핵심 원리였던 전통 시대의 사람들은 하늘이 인간 사회의 질서를 만들고 움직이는 힘의 근원이며, 천자는 이런 하늘의 명을 받아 세상을 다스릴 권한을 부여받은 하늘의 아들이라고 믿었습니다. 그리고 만약 쿠데타나 반란 등으로 천자가 바뀌면 하늘의 명을 거슬렀기 때문에 그 권한을 빼앗겼다고 보았습니다. 이러한 상황을 어떻게 해석해야 할까요?

지금 우리나라에서는 아무리 이 세상을 통치하라는 하늘의 명을 받았다고 주장하는 사람이 나타난다고 해도 민주적인 대통령

선거에서 국민 투표로 1등을 하지 않는 한 대통령의 권한을 가질 수 없습니다.

전통 시대에 모든 것을 움직이는 힘의 근원이라고 믿었던 '하늘'이라는 개념 자체가, 세습적인 신분제가 혁파되고 정치·사회적으로 평등사회를 지향하는 근대 사회를 거치면서 실체가 없는 것에 대한 믿음이었을 뿐이라는 사실이 확인된 것입니다. 그러니 '하늘의 명'이라든가 '하늘의 명을 받아 이 세상 또는 국가를 통치하는 권한을 부여받았다는 것', 이런 것은 모두 실체가 없는 것에 대한 믿음일 뿐이라고 말해도 현대인의 대부분은 수긍합니다. 모든 것을 움직이는 힘의 근원이었다고 믿었던 '하늘'이라는 개념 자체가 실체가 없는 것에 대한 믿음이라는 것이 확인된 이상, 그런 '하늘'과의 관계 속에서 형성된 지기라는 개념 또한 실체가 없는 것에 대한 믿음일 뿐입니다.

그런데 그런 '하늘'과의 관계 속에서 형성된 지기라는 개념이 우리들의 마음속에서 아직도 사라지지 않은 이유는 어떻게 설명할 수 있을까요? 사실 사라지지 않은 게 아니라 엄청나게 사라졌다고 할 수 있습니다. 풍수가 전 세계에서 가장 발달했던 조선 후기에는 대부분의 사람이 지기가 실재하면서 인간의 길흉화복과 국가의 흥망성쇠에 영향을 미친다고 믿고 있었고, 그래서 도시와 마을, 궁궐과 관아, 사찰과 주택, 무덤 등 모든 터잡기의 기준이 되었습니다. 그런데 지금 우리 중에서 살거나 생계를 위해 직장을 가져야 하는 도시, 집, 사무실이나 가게, 무덤 등의 터를 잡을 때 풍수를 기준으로 선택하는 사람이 있을까요? 또 일상적으로 그런 터를 통해 발현

되는 지기가 우리들의 삶이나 국가의 흥망성쇠에 영향을 미친다고 믿는 사람들이 얼마나 될까요? 솔직히 적을 것 같습니다. 아니 '적을 것 같다'고 표현하면 안 됩니다. '거의 없다', '극히 적다' 이런 식으로 표현해야 맞을 것입니다. 대신 집값이 얼마나 오를 수 있는 곳인지, 직장에서는 얼마나 가까운지, 교통이 편리한지, 돈을 잘 벌 수 있는 곳인지 등등 이런 요인들을 주로 고려합니다.

일상생활에서 아주 극히 일부를 제외한 거의 모든 사람은 풍수도, 지기라는 개념이나 용어도 아무런 관계가 없는 삶을 살고 있습니다. 그러니까 '지기라는 개념이 우리들의 마음속에서 아직도 사라지지 않은 이유가 무엇인가요?'라는 질문은 성립이 안 됩니다. 그보다는 '지기'라는 개념을 잊고 살다가도 갑자기 들으면 뭔가 있을 것 같은 느낌을 갖는 이유 정도로 바꾸면 좋지 않을까 생각합니다.

그 이유는 조선 후기 300여 년 동안 문화 유전자로 강하게 뿌리내렸던 풍수 사상의 영향력이 근대와 경제발전기를 거치면서 거의 사라졌지만 아직도 그 흔적의 뿌리가 조금 남아 있기 때문이라고 할 수 있을 것입니다. 지금도 풍수의 명당과 어떤 현상에 대해 실제로는 인과관계가 없는데도 불구하고 있는 것처럼 믿는 현상은 꽤 있습니다. 현재까지 남아 있는 풍수의 흔적도 그렇게 이해하면 됩니다. 마지막으로 지기와 관련하여 하나만 더 알려드리겠습니다.

전통 시대에 하늘이 살아 있는 천자에게 이 세상 또는 국가를 다스릴 권위를 부여해주었다는 논리는 무조건 믿어야 하는 신성

불가침한 것이지 설명되어서는 안 되는 것이었습니다. 마찬가지로 '하늘의 명〔天命〕'이 주산으로 내려와 지기(地氣)로 변하고 그 지기가 천자의 무덤에서 솟아나 죽은 천자에게도 권위를 부여해준다는 논리 또한 무조건 믿어야 하는 신성불가침한 논리이지 설명되어서는 안 되는 것이었습니다. 따라서 지기는 죽은 천자의 권위와 직접 연결되는 것이었기 때문에 '설명할 수 없는 것'을 넘어서 '설명되어서는 안 되는' 개념이어야 했다고 말해야 그 시대의 분위기를 제대로 느낄 수 있을 것입니다.

명당은 임금의 무덤에만 적용된 것이 아니다

세계에서 풍수가 가장 발달했던 조선 후기에는 풍수의 명당이 천자, 즉 임금의 무덤에만 적용된 것이 아니었습니다. 수도와 지방 도시, 궁궐과 관아, 향교와 서원과 사찰, 마을과 집, 무덤 등 풍수의 명당 논리가 적용되지 않은 곳이 없었습니다. 이는 풍수 사상이 여러 경전으로 정립된 중국에서는 찾아볼 수 없는 현상이었습니다.

선진국이 된 지금의 대한민국 사람들은 중국의 역사 유적 여기저기를 마음대로 여행 다닐 수 있고, 공중파 방송이나 유튜브 등에서도 중국의 역사 유적 관련 내용을 찾기가 너무나 쉽습니다. 하지만 필자가 보기에 풍수의 명당과 관련하여 아쉬운 점이 있습니다. 풍수의 명당이라는 관점에서 전통 시대 중국의 도시와 마을, 궁궐과 관아, 서원과 사찰, 집과 무덤 등을 살펴보는 사람을 찾아보기 어렵기 때문입니다.

조선시대 중인들이 주로 응시하던 풍수 관련 잡과(雜科)[13]의 음양과(陰陽科) 과거시험 과목은 『청오경(靑烏經)』(한나라), 『금낭경(錦囊經)』(동진), 『감룡경(撼龍經)』(당나라), 『의룡경(疑龍經)』(당나라), 『지리신법(地理新法)』(송나라), 『착맥부(捉脈賦)』(동진), 『동림조담(洞林照膽)』(오대십국), 『명산론(明山論)』(조선), 『지리문정(地理門庭)』(송나라) 등 9종류의 책이었습니다. 그런데 9종류 중 무려 8종류가 중국에서 저술된 것입니다. 이런 사실에만 입각하면 중국에서는 주산-좌청룡-우백호-안산의 산과 산줄기로 둘러싸인 명당에 들어선 도시나 마을, 궁궐과 관아, 서원과 사찰, 집과 무덤 등이 많았다고 보아야 할 것입니다.

예를 들어 중국의 수도인 북경(北京)은 지금으로부터 가장 가까운 시기인 명나라와 청나라의 수도였고, 서안(西安)은 중국에서 가장 번영했던 당나라의 수도 장안(長安)이 있던 도시입니다. 물론 지금 서안에 남아 있는 성벽은 당나라의 장안이 아니라 명나라 때 다시 축조한 것이기는 합니다. 어찌 되었든지 두 도시에 갔을 때 서울과 같은 주산-좌청룡-우백호-안산의 산과 산줄기로 둘러싸인 모습을 볼 수 있을까요?

---

13 잡과(雜科) : 조선에서 시행된 과거시험은 문관을 선발하는 문과(文科), 무관을 선발하는 무과(武科), 전문기술관을 뽑는 잡과(雜科)로 구성되어 있었다. 잡과에는 하위 행정실무자를 선발하는 이과(吏科), 요즘의 통역사인 역관을 뽑는 역과(譯科), 요즘의 의사를 선발하는 의과(醫科), 풍수지리 전문가를 뽑는 음양과(陰陽科)가 있었다. 조선 최고의 법전인 『경국대전(經國大典)』에서는 이과란 용어 대신에 형률(刑律)에 밝은 하위 행정실무자를 뽑는 율과(律科)가 있었다.

두 도시 안에서 볼 수 있는 산은 북경의 자금성(紫禁城)[14] 북쪽에 있는 경산(景山, 45m)이 유일합니다. 경산은 산이라고는 하지만 원래부터 있던 산이 아니라 여러 인공 호수를 만들 때 파낸 흙을 다져서 쌓은 인공 산입니다. 북경이든 서안이든 산이 저 멀리 보일 듯 말듯 먼 거리에 있는 허허벌판에 들어선 도시입니다. 풍수지리 관련 조선의 과거시험 과목 9개 중 8개가 중국의 풍수지리 경전이었지만 주산-좌청룡-우백호-안산의 산과 산줄기로 둘러싸인 수도나 도시가 중국에서는 발달하지 않았습니다.

전통 시대 중국 수도의 전형적인 모델은 허허벌판의 평지에 만들어진 사각형 위주의 기하학적 모양이었다는 것만큼은 연구자라면 대부분 알고 있는 사실입니다. 그러니 그 안에 있던 궁궐과 관아, 서원과 사찰 등의 종교 건축물도 마찬가지일 수밖에 없습니다. 혹시 수도나 도시를 벗어난 곳에 있는 서원이나 사찰 등은 달랐을까요? 그것도 아니었습니다. 일부 예외가 있을 수는 있지만 허허벌판의 평지에 있거나, 산에 있더라도 우리처럼 산 밑이나 산속이 아니라 산 위를 선호했습니다. 간혹 중국 사람들과 '풍수'와 관하여 대화를 하면 주산-좌청룡-우백호-안산의 산과 산줄기로 둘러싸인 명당의 형태가 전혀 없음에도 풍수의 터잡기가 적용되었다고 말하는 경우가 있을 것입니다. 그런 풍수는 우리나라 사람

---

14 자금성(紫禁城) : 명나라와 청나라의 수도 북경에 있던 궁궐을 가리킨다. 1407년에 건설하기 시작하여 14년 만에 완공되었으며, 사각형의 북경성 가운데에 사각형의 모습으로 만들어져 있다. 자금(紫禁)은 황제(紫, 자주색은 황제를 상징)의 허가 없이는 그 누구도 안으로 들어오거나 나가는 것을 금지(禁)하는 집이라는 뜻으로 황제의 거처인 궁궐을 가리킨다.

들이 알고 있는 풍수보다도 훨씬 더 실체가 없는 '지기'에 대한 종교적 믿음으로까지 나간 것이니까 너무 신경 쓸 필요는 없습니다.

그렇다면 무덤은 어떨까요? 무덤에서는 주산-좌청룡-우백호-안산의 산과 산줄기로 둘러싸인 명당에 자리 잡은 사례를 중국에서도 볼 수 있습니다. 물론 서안에 있는 진시황릉과 한·당·송나라의 황제릉들에서는 발견할 수 없습니다. 다 허허벌판에 거대하게 만들어져 있거나 거대한 산 자체를 봉분으로 삼았습니다. 그런데 북경 근처에 있는 금나라, 명나라와 청나라의 황제릉들, 나아가 왕실의 무덤들은 주산-좌청룡-우백호-안산의 산과 산줄기가 뚜렷한 풍수의 명당 논리가 적용되어 있었습니다. 내가 중국의 무덤들을 샅샅이 살펴보지는 못했지만 언제부터인가 풍수의 명당 논리를 적용하여 무덤터를 정하고 만들었던 것은 분명하다고 말할 수 있습니다.

그런데 명나라와 청나라의 황제릉들을 가서 본 우리나라 사람들은 무덤의 규모가 엄청나게 크고 웅장하다고 생각할 것입니다. 이때 우리나라 사람들의 머릿속 기준은 조선시대의 왕릉일 것입니다. 하지만 서안에 있는 진시황릉이나 당나라의 황제릉들과 비교하면 전혀 다른 판단, 즉 상당히 작아진 모습을 확인할 수 있을 것입니다. 비교의 기준을 잘 설정해서 이해해야 합니다.

그렇다면 우리나라에서는 어떻게 수도와 지방 도시, 궁궐과 관아, 향교와 서원과 사찰, 마을과 집, 무덤 등 풍수의 명당 논리가 적용되지 않은 곳이 없게 된 것일까요?

그 과정은 매우 복잡해서 오랜 시간 동안 여러 사회적, 정치적 관계가 얽히고설켜서 만들어진 현상입니다. 이에 대해 자세하게 설명하려면 책 한 권으로도 부족할 것입니다. 이미 필자가 그 부분에 관한 책 서울편 두 권[15]을 출판했고, 신라편과 후삼국·고려편 두 권은 곧 출판할 예정이므로 그 책들을 참고하시기 바랍니다. 대신 우리나라에서 풍수의 역사만 간단하게 정리하고 넘어가려 합니다.

삼국을 통일한 신라를 중심으로 말하면 무덤은 진흥왕 때 조성된 법흥왕릉(540)부터, 사찰은 신문왕 때 만들어진 감은사(682)부터, 수도와 궁궐은 후삼국시대 만들어진 개성과 만월대 궁궐(897)부터, 지방 도시와 관아는 조선 세종(在位 1418~1450) 때부터, 마을과 양반집 그리고 서원은 대략 16세기부터 풍수의 터잡기가 시작되어 쭉 이어졌습니다. 장소의 성격에 따라 풍수 터잡기의 시작 시기가 다르니 유념하시기 바랍니다. 풍수 관련 경전이 가장 많이 저술된 중국에서는 풍수의 명당 논리가 황제릉 등의 무덤 터잡기에만 적용되었습니다. 반면에 우리나라의 역사에서는 무덤에서 시작되어 사찰 → 수도와 궁궐 → 지방 도시와 관아 → 마을과 양반집 그리고 서원의 순서로 확대되어 조선 후기에 이르면 삶과 죽음 관련 모든 공간의 터잡기에서 확실한 문화 유전자로 자리 잡았습니다.

---

15 책 두 권 : 『산을 품은 왕들의 도시 1 서울편① : 서울 풍경의 탄생』(평사리, 2023), 『산을 품은 왕들의 도시 2 서울편② : 서울 풍경의 확산』(평사리, 2023).

풍수의 명당에 자리 잡은 고을의 읍치는 많지 않았다

조선 후기에는 삶과 죽음에 관련된 모든 공간을 명당터에 자리 잡고 싶어 했지만 명당터에 자리 잡은 경우가 많지 않았습니다. 풍수의 명당 논리가 확실한 문화 유전자로 자리 잡았다는 것은 어떤 터에 대해 좋은지 나쁜지에 대한 평가가 풍수의 전형적인 명당 형국에 따라 결정된다는 의미로 이해하면 됩니다. 이런 상황에서 풍수의 명당터에 자리 잡지 않았다는 것은 그 터에 대한 평가가 좋지 않았다는 의미이고, 그것은 그 터를 잡은 주체에 대한 권위나 위엄 또한 떨어뜨립니다.

지금 같은 민주주의 사회라면 풍수의 명당 논리에 따라 어떤 터를 갖고 권위나 위엄을 평가하려는 사람이 있다고 해도 무시하고 넘어가면 되기에 별로 문제가 되지 않습니다. 하지만 신분의 세습을 당연하게 여기던 신분제 사회였던 조선 후기라면 왕실과 관리와 양반들이 무시하고 넘어가기가 정말 어려웠을 것입니다. 그렇다면 이 문제를 어떻게 해결했을까요? 먼저 무덤부터 살펴보겠습니다.

무덤은 죽음이 발생할 때마다 우리나라 여기저기에 있는 많은 산에다 새로운 터를 잡아 만드는 것이기 때문에 터잡기의 자율성이 아주 높았습니다. 지배 신분의 무덤이 풍수의 명당터에 만들어지지 않았다면 어떻게든 풍수의 명당터를 새로 찾아서 이장(移葬)하면 됩니다. 그러니 풍수의 명당터에 자리 잡지 않은 지배 신분의 무덤은 거의 있을 수가 없습니다.

혹시 어떤 집안에서 조상의 무덤이 풍수의 명당터라고 주장해도 실제로는 아닌 경우가 있지 않았을까요? 하지만 '실제로는 아닌 경우'라는 말은 고쳐져야 합니다. 그건 풍수의 명당 논리가 전제하고 있는 지기라는 것이 실재하며, 그 지기가 인간의 길흉화복이나 국가의 흥망성쇠에 영향을 미친다고 보는 것이기 때문입니다. 그렇더라도 나는 명당터라고 보는데 누군가는 아니라고 볼 수는 있습니다. 만약 다수가 명당터가 아니라고 생각하는 곳에 조상의 무덤터를 잡았다면 사회적으로나 국가적으로 조상의 무덤터를 저런 형편 없는 곳에 잡았다며 수많은 비난과 손가락질을 받으며 살아가야 했을 것입니다. 그것을 무릅쓰고 그런 선택을 할 개인이나 집단이 있었을까요?

요즘처럼 개인 중심의 민주주의 사회라면 모르겠습니다만 집안, 가문, 당파 같은 집단 속의 일원으로 살아가야 하는 것이 숙명이었던 신분제 사회였다는 것을 전제한다면 그런 용기를 가질 수 있는 인간은 아마 만에 하나도 있기가 어려웠을 것입니다. 더 좋은 명당이라고 믿는 무덤터에 대한 경쟁은 늘 존재했고, 그래서 더 좋은 명당터의 무덤에 대한 법적 다툼인 산송(山訟)[16]이 끊임없이 일어났으며, 더 좋은 명당터를 찾아 무덤터를 옮기는 이장도 꽤 있었습니다.

그렇다면 주택으로서의 양반집은 어떠했을까요? 양반집도 새로운 터를 잡아 만들면 된다고 볼 수 있기 때문에 무덤만큼 터잡기의 자율성이 높다고 생각할 수는 있습니다. 하지만 무덤에 비하면 자율성이 엄청 낮았습니다. 양반의 경우 마을을 떠나기가 어려웠기 때문입니다. 만약 마을 안에서 주산-좌청룡-우백호-안산의 산과 산줄기로 둘러싸인 풍수의 명당터를 찾을 수 있다면 괜찮지만 그렇지 못하면 방법이 없었습니다. 조선 후기에는 지역사회뿐만 아니라 조선 전체에서도 유력 양반 가문으로 인정받기 위해서는 조상 때부터 대대로 살아온 세거지(世居地)란 마을이 있어야 했고, 그래서 유력 양반 가문의 경우 본관보다는 세거지의 마을 이름을 따서 부를 정도였기 때문에 양반이 마을을 떠나기가 어려웠던 것입니다. 예를 들어 안동의 내앞(川前)이라는 마을에 사는 의성 김씨의 경우 '내앞 김씨'라고 불렀습니다. 이런 시스템에서 세거지 마을을 떠나 다른 곳에 양반집을 새로 짓고 사는 것이 쉽지 않았습니다.

---

16 산송(山訟) : 우리나라에서는 조상의 무덤이 산에 있었기 때문에 산소(山所)라고 불렀고, 이 산소를 둘러싼 소송이 벌어지면 그것을 산송(山訟)이라고 하였다. 16세기 이후 유교 규범이 확산되어 풍수의 명당 논리에 따른 부계 조상의 무덤에 대한 수호 의식이 강화되면서 산송이 발생하기 시작하였다. 18~19세기를 거치며 산송을 겪거나 연루되지 않은 집안이 드물 정도로 한 시대를 풍미하였다.

앞에서 마을의 경우 대략 16세기부터 풍수가 유행했다고 했습니다. 그런데 마을의 대다수는 풍수가 유행하지 않은 16세기 이전부터 존재했기 때문에 전형적인 풍수의 명당터 모습을 갖추기가 어려웠습니다. 아마 전국적으로 주산-좌청룡-우백호-안산의 산과 산줄기로 둘러싸인 전형적인 명당 모습의 양반 마을을 찾기가 생각보다 쉽지는 않을 것입니다. 그에 반해 사찰과 서원은 풍수의 명당터에 자리 잡은 사례가 아주 많았습니다. 그 이유는 양반집처럼 굳이 마을에 있어야 할 필요가 없어 무덤처럼 마을을 떠나 풍수의 전형적인 명당 형국을 찾아 터잡기를 하기가 상대적으로 쉬웠기 때문입니다.

마지막으로 터잡기의 자율성이라는 측면에서 '고을'은 어떨까요?

고을도 같은 방식으로 이해할 수 있습니다. 풍수의 터잡기와 관련된 고을이라는 용어는 고을 전체가 아니라 지방관이 주재하면서 고을을 다스리는 중심도시를 가리킵니다. 연구자들은 일반적으로 고을의 중심도시를 읍치(邑治)라고 부릅니다. '고을〔邑〕을 다스리는〔治〕 중심'이라는 의미인데, 이런 읍치 중 과연 풍수의 전형적인 명당 형국에 들어선 사례가 얼마나 될까요?

풍수가 적용되기 시작한 세종 임금 이전에 만들어진 읍치의 경우 풍수의 전형적인 모습을 하고 있는 경우는 거의 없습니다. 세종 임금은 새 읍성을 건설하는 등 읍치 이동의 필요가 있을 때 풍수지리 전문가를 파견하여 풍수의 명당 형국에 알맞은 새로운 읍성 터를 잡아주었습니다. 그런데 이때만 해도 풍수가 읍치의 권위나 위엄을 표현하는 기준으로 폭넓게 받아들여지지 않았기 때문에 고을 사람들은 조상 대대로 오랫동안 살아오던 옛 읍치에 계속 살기를 원했습니다. 다만 세종 임금의 정책이 하도 강해서 어쩔 수 없이 새 읍성으로 옮겨가 살았는데, 세종 임금이 죽고 문종 임금이 등극하자 옛 읍치로 돌아가고 싶다는 절절한 탄원서가 여기저기서 올라왔습니다. 물론 성사된 사례는 없었습니다.

16세기부터 풍수의 명당 논리에 따라 읍치를 옮기는 사례가 조금씩 나타나기 시작하다가 풍수가 읍치의 권위나 위엄을 표현하는 절대적인 기준으로 받아들여진 17세기부터 고을에서 자발적으로 읍치를 옮기는 사례가 증가했습니다. 하지만 그렇다고 해서 그렇게 많지는 않았습니다.

최고의 비보풍수, 마음속의 명당을 그리다

조선 후기에는 풍수가 수도와 지방 도시(읍치), 궁궐과 관아, 마을과 집, 무덤 등 모든 곳의 터잡기에서 권위나 위엄을 표현하는 절대적인 기준으로 받아들여지는 상황임에도 불구하고 양반 마을과 읍치 중에서 풍수의 명당터에 자리 잡지 못한 곳이 많았습니다. 풍수가 문화 유전자로 자리 잡았기 때문에 이 문제를 어떻게든 해결하려 했을 텐데 어떻게 해결했을까요?

여기서 주산, 좌청룡, 우백호, 안산 각각을 풍수점수로 25점을 부여하겠습니다. 어떤 양반 마을이나 읍치가 네 요소 모두를 갖추고 있으면 풍수점수는 100점이 됩니다. 당연하지만 세 요소만 갖추면 75점, 두 요소만 갖추면 50점, 하나만 갖추면 25점, 하나도 갖추고 있지 않으면 0점이 됩니다. 비보풍수(裨補風水)는 풍수적으로 100점이 되지 못한 부족한 부분을 인위적으로 만들거나 보충하여 풍수점수 100점의 명당터로 만들고자 하는 시도를 가리킵니다. 간단한 예를 들면 주산과 좌청룡은 있는데 우백호와 안산이 없으면 우백호 부분에 비보숲을 조성하고 안산 부분에 인공 산인 조산(造山)을 만드는 경우입니다. 이건 그래도 주산과 좌청룡이 있는 50점짜리니 그럴 수 있지만 풍수점수 0점인 곳을 100점으로 만들기 위해 새로운 풍수 형국을 만들어 내기도 했습니다.

만약 중국의 이상적인 도시처럼 허허벌판에 들어선 도시나 마을이 있다면 주산-좌청룡-우백호-안산 어느 하나도 설정할 수가 없으니 0점입니다. 이럴 경우 보통 '배가 떠나가는 형국', 즉 행주형(行舟形)이라는 풍수의 명당 형국으로 설명합니다. 그리고 그 안에 폐사찰의 당간지주(幢竿支柱)가 전해지면 그것을 배의 돛대라고 하고, 없으면 솟대 같은 것을 세워 배의 돛대로 여기면서 신성시합니다. 그리고 배의 밑바닥에 구멍을 내면 물이 새어 나와 결국엔 배가 가라앉는다고 하면서 우물을 파지 말라는 속설도 만듭니다. 때로는 배가 떠나가지 말라고 하천가에 숲을 조성하기도 합니다. 이런 행주형의 풍수 형국은 원래부터 풍수의 경전에 나오는 것일까요? 산과 산줄기가 하나도 등장하지 않으니 나올 리가 없습니다. 즉 행주형이라는 말은 풍수의 경전에는 나오지 않는 것입니다.

부족한 주변 지형을 이 세상에 존재하는 짐승·새·물고기·꽃, 또는 상상 속의 동물인 봉황이나 용 등에 빗대어 의미를 부여하는 행위나 인식도 풍수의 부족한 부분을 채워 명당으로 만들기 위한 비보풍수입니다. 물론 풍수 연구자들은 이런 사례를 비보풍수라 여기지 않을지도 모릅니다. 하지만 주산-좌청룡-우백호-안산의 산과 산줄기로 둘러싸인 전형적인 명당 형국의 관점에서 보면 분명히 비보풍수라고 봐야 합니다. 그리고 풍수와 관련 없이 불려오던 주변 지형의 지명을 풍수의 의미가 들어간 지명으로 바꾸거나 새로 만드는 것, 인공 숲이나 산 그리고 솟대나 장승 같은 조형물을 만들어 부족한 산과 산줄기를 대신하게 해주는 것, 아주 멀리 있는 것을 가까이 있는 것처럼 의미부여 하는 것 등등 별의별 것이 다 있었습니다. 이런 비보풍수의 발달은 풍수의 명당 논리가 적용되기 전에 만들어진 양반 마을과 읍치가 많았기 때문에 나타난 현상으로, 풍수가 모든 삶터에 문화 유전자로 자리 잡은 조선 후기만큼 비보풍수가 발달한 사례를 찾기는 쉽지 않을 것입니다.

만약 우리나라의 역사에서도 중국처럼 무덤에 대한 풍수만 있었다면 비보풍수가 발달하기는 어려웠을 것입니다. 무덤은 산에 만들고, 차지하는 면적도 집에 비해 작습니다. 그리고 우리나라는 산이 많은 나라이고, 산의 골짜기 골짜기마다 무덤터로 사용할 풍수의 명당 형국에 가까운 지형도 꽤 많습니다. 게다가 몇 대에 걸친 무덤을 명당이라 파악된 한 곳에 집단적으로 조성할 수도 있으니, 비보풍수를 적용할 여지가 거의 없습니다.

그렇다면 마을과 읍치에 적용된 최고의 비보풍수는 무엇이었을까요? 비보풍수를 통해 아무리 풍수의 부족한 부분을 채워 명당터로 변모시켰다고 해도 눈에 보이는 실제의 지형까지 바꾼 것은 아닙니다. 그래서 비보풍수가 적용된 명당터를 가보면 시각적으로 명당의 모습이 분명하게 보이지는 않기 때문에 그곳의 비보풍수를 알고 있는, 또는 믿고 있는 사람으로부터 설명을 들어야 왜 그곳이 비보풍수를 통해 명당으로 새롭게 탄생했는지 이해할 수 있습니다.

결국 비보풍수는 실제의 눈으로는 잘 보이지 않는 명당을 마음의 눈으로 만들어낸 풍수라고 볼 수 있습니다. 실제의 눈으로는 잘 보이지 않는 명당을 주산이나 안산이 너무 작으면 크게, 좌청룡과 우백호의 산줄기가 너무 약하거나 멀리 돌아가면 강하고 가깝게, 명당수가 없으면 먼 곳에 있는 하천을 끌어다가 있는 것처럼, 인공적으로 만든 조산이나 비보숲이 너무 눈에 띄지 않으면 눈에 띄도록 크게… 등등 마음속에서는 마음대로 바꿀 수 있습니다. 이것보다 더 최고의 비보풍수가 있을까요? 그런데 설명을 듣지 않아도 이해할 수 있는 비보풍수가 하나 있습니다.

조선 후기에는 마음속의 비보풍수를 그림으로 그리는 것이 유행했습니다. 아무리 완벽한 명당터를 찾아 조상의 무덤을 만들어도 진짜로 완벽하기는 어렵습니다. 그래서 산과 산줄기, 물줄기 등을 풍수의 전형적인 명당 형국처럼 변형시켜 그린 무덤의 명당도(明堂圖)를 산도(山圖)라고 불렀습니다. 우리 조선에서는 무덤을 산에다 만들었기 때문에 산도란 이름을 붙였습니다. 그리고 읍치를 중심으로 고을을 그린 그림식 고을지도가 많이 제작되었는데, 풍수의 관점에서 부족한 산과 산줄기, 물줄기 등을 가능한 한 최대한 변형시켜 풍수의 명당으로 재탄생시킨 지도를 그려 '우리 고을 명당이라오'라는 메시지를 담고자 했습니다. 이런 그림식 고을지도가 고을에 대한 최고의 비보풍수 아닐까요?

이야기 속 그림식 고을지도를 찾아라

그림식 고을지도 안에 담긴 비보풍수에 대해 본격적으로 살펴보기 전에 독자들의 이해를 돕고자 그림식 고을지도에 대해 먼저 간단하게 설명하겠습니다. 조선 후기에는 그림식 고을지도를 지속적으로 제작했는데, 이 책에서는 전국 단위로 제작된 두 번의 그림식 고을지도만 이야기의 대상으로 삼겠습니다.

첫째, 1720년 안팎에 편찬된 전국 그림식 고을지도책 계통입니다. 중앙정부가 지도 제작에 대한 일정한 규칙을 만들어 요즘의 도청소재지인 8도의 감영(監營)으로 내려보냈습니다. 그리고 각 감영에서는 소속 고을로 전해서 고을지도를 그리게 한 다음 일부 수정과 편집을 거쳐 중앙정부로 올렸고, 중앙정부에서는 다시 크기와 양식 등을 통일시켜 제작, 이용했습니다. 보통은 책으로 묶어서 6책의 형식으로 만들었는데, 책으로 묶지 않고 고을지도마다 분리하여 정돈 보관하며 이용한 8첩의 형식도 있습니다.

워낙 잘 만들었기 때문에 국가의 주요 기관에서 많이 베껴서 사용하였고, 민간의 양반 가문에서도 베껴서 보관하며 이용한 것이 꽤 있었습니다. 그래서 현재 국내외의 기관이나 개인에게 전해지는 것이 생각보다 많습니다.

대표적인 기관 두 곳만 소개하자면 규장각 한국학연구원에는 6책 또는 8첩의 완질본이 3종, 경상도만 다른 지도 계통인 경우가 1종 등 4종이 소장되어 있고, 도별지도첩 속에 들어가 있는 경우도 몇 종 있습니다. 국립중앙도서관에는 6책의 완질본 2종, 1책이 없는 5책의 결본 1종 등 3종이 전해지고 있습니다. 이중 규장각 한국학연구원이 소장한 『해동지도(海東地圖)』(청구기호 : 古大4709-41)의 그림식 고을지도를 이야기의 대상으로 삼겠습니다. 규장각 한국학연구원의 홈페이지 첫 화면에서 바로가기의 '원문검색서비스 → 고지도'의 순서로 들어가 도별로 현대의 지자체 또는 고을의 옛 이름을 누르면 '해동지도'라는 이름으로 원문 이미지가 서비스되고 있으며 다운로드도 가능합니다.

둘째, 1872년 홍선대원군의 명령에 따라 제작된 그림식 고을지도입니다. 병인양요(1866)와 신미양요(1871)를 겪은 후 국방력 강화를 위해 취해진 조치인데, 중앙정부에서 일정한 규칙을 정해주지도 않았을 뿐만 아니라 지방 고을에서 제작하여 올려보낸 지도를 중앙정부에서 크기와 양식 등을 통일시켜 다시 편집하지도 않았습니다. 쉽게 말해서 지방 고을에서 제작한 지도 그대로 전해지고 있는데, 홍선대원군의 국방력 강화책이 구호만 난무했지 실제로는 얼마나 허술했는지를 보여주는 대표적인 사례입니다. 다만 그 덕분에 현대의 우리들은 고을에서 제작한 따끈따끈한 지도 그대로를 볼 수 있는 행운을 갖게 되었습니다.

이 그림식 고을지도들은 국가의 주요 기관이나 민간에서 베껴 사용한 경우가 없는 유일본입니다. 현재 규장각 한국학연구원에 소장되어 있으며, 고을지도마다 청구기호가 부여되어 있어 검색하여 찾아보기가 쉽지는 않지만 걱정할 필요는 없습니다. 『해동지도』처럼 홈페이지 첫 화면에서 바로가기의 '원문검색서비스 → 고지도'의 순서로 들어가 도별로 현대의 지자체 또는 고을의 옛 이름을 누르면 '1872년지방지도'라는 이름으로 원문이미지가 서비스되고 있으며 다운로드도 가능합니다.

조선은 전국 8도로 이루어져 있었고, 조선 후기 고을의 수는 경상도 71개, 전라도 56개, 충청도 54개, 경기도 38개, 강원도 26개, 황해도 23개, 평안도 42개, 함경도 25개 등 총 335개였습니다. 이 중 북한에는 황해도, 평안도, 함경도의 90개와 경기도 4개, 강원도 7개 등 111개의 고을이, 남한에는 224개의 고을이 속해 있습니다. 현재 북한에 있는 고을의 경우 아쉽게도 직접 가서 확인해볼 수 없습니다. 그래서 독자 여러분들이 이 책의 내용이 정말 사실인지 직접 가서 확인해볼 수 있는 남한, 즉 우리 대한민국에 속한 224개의 고을만을 대상으로 이야기해드리고자 합니다.

당연하지만 224개의 고을 전체를 다 다룰 수는 없습니다. 그래서 풍수점수 0점, 25~75점, 100점의 세 경우로 나누고 각각 8개, 11개, 6개의 고을을 사례로 이야기해드리려고 합니다. 총 25개 고을의 이야기를 다 읽고 나면 나머지 199개의 고을에 대해서도 직접 찾아보며 살펴보는 데 아무런 문제가 없을 것입니다. 물론 북한에 있는 111개의 고을도 마찬가지입니다. 남북통일이 이루어져 북한에 직접 가서 확인해볼 기회가 오기를 간절히 염원해 봅니다.

2부

풍수점수 빵점 고을, 100점의 명당 고을로 만들어라

상주, 충주, 청주, 원주, 전주, 나주, 경주, 강릉을 중심으로

풍수점수 빵점의 고을, 의외로 많았다

지방 도시인 고을의 읍치에 풍수가 본격적으로 적용되기 시작한 시기는 세종 때부터였습니다. 따라서 세종 이전에 터를 잡은 이후 옮기지 않은 읍치의 경우 주산-좌청룡-우백호-안산의 산과 산줄기로 둘러싼 풍수의 명당 논리가 전혀 개입되지 않았습니다. 그런데 이런 읍치가 전체에서 소수가 아니라 다수를 차지합니다.

고대 우리나라 고을의 읍치는 통치자는 산성이나 절벽 지형의 요새성에, 일반 백성들은 산성이나 요새성 밑에 거주하는 도시 형태를 갖고 있었습니다. 산 밑에 있는 조선의 읍치에 너무나도 익숙한 우리나라 사람들에게는 이런 도시 형태가 많이 생소할 것입니다. 하지만 세계적으로는 흔합니다. 독자 여러분들이 유럽에 여행 가면 자주 볼 수 있는 아주 흔한 전통 도시 사진을 살펴보겠습니다.(그림 5, 6)

그림 5, 6이 어디인지 관심을 가질 필요가 없습니다. 그냥 유럽에 여행 가서 과연 저런 형태의 전통 도시를 얼마나 여행했는지 기

그림 5 유럽의 영주 성과 일반 주거지가 결합된 도시 사례 ① 룩셈부르크 비안덴 성

그림 6 유럽의 영주 성과 일반 주거지가 결합된 도시 사례 ② 독일 코체 성

억해보면 아마 많이 있었을 것입니다. 왜냐하면 정말 흔했기 때문입니다. 고대 그리스의 도시국가들도 다 저런 형태의 도시였습니다. 그리고 이웃 나라인 일본에서도 에도시대 이전에 흔하였고, 중앙아시아나 인도, 이슬람 지역에 가도 희귀하지 않았습니다.

그림 7 그리스 아테네의 아크로폴리스 성곽과 아래쪽의 일반 주거지

세계적으로 전통 시대의 도시 형태는 대부분 두 가지 중 하나였습니다. 하나는 앞에서 보여드린 산성 또는 요새성과 그 아래의 일반 주거지가 결합된 도시 형태였고, 다른 하나는 명나라와 청나라의 수도였던 북경처럼 허허벌판에 일반 주거지까지 성곽으로 두른 도시 형태였습니다. 그러므로 고대 우리나라 고을의 읍치가 첫 번째 유형에 해당된다고 하는 것은 별로 특이한 것이 아닙니다.

그런데 중앙집권화 정책을 강화하기 시작한 고려시대 어느 시기부터 중앙에서 파견한 지방관들이 산성이나 요새성을 멀리하기 시작했습니다. 후삼국시대에 기원을 둔 호족들, 그리고 그들의 후예인 향리들이 고을을 직접 다스리던 지방분권화의 상징으로 보고 부정한 것입니다. 그래서 다수는 산성이나 요새성 바로 아래의 일반 주거지로 읍치의 중심을 옮겼고, 때로는 산성이나 요새성에서 아주 먼 허허벌판으로 읍치를 옮기는 경우도 있었습니다. 이중

그림 8 스페인 알람브라 궁전과 아래쪽의 일반 주거지

후자는 뒤쪽의 주산조차도 설정할 수 없어서 풍수점수 빵점이 되었는데, 여기서 의외의 현상이 나타납니다. 이런 고을의 수가 생각보단 많았고, 특히 크거나 유명한 고을의 읍치 대부분이 여기에 속합니다.

2부에서는 풍수점수 빵점의 많은 고을 중에서 독자 여러분이 이름만 들어도 알 만한 8개의 고을을 골라서 살펴보려고 합니다. 놀라운 것은 '이렇게 유명했던 고을들의 풍수점수가 빵점이었다니! 왜 지금까지는 그 사실을 몰랐지? 아니 그 많은 연구자들이 왜 주목하지 않았지?' 이런 생각이 들 것입니다. 풍수가 문화 유전자로 정착했던 조선 후기의 유산을 물려받은 우리의 무의식 속에 '존재하지만 보거나 주목하지 못하게 만든' 무언가를 확인할 수 있는 자리가 될 것입니다.

경상도의 '상(尙)' 자가 유래된 상주(尙州)를 찾아가다

먼저 경상도의 상주부터 가보겠습니다. 경상도(慶尙道)는 경주(慶州)와 상주(尙州)에서 '경(慶)' 자와 '상(尙)' 자 한 글자씩 따서 만든 이름입니다. 지금은 경주든 상주든 지방의 작은 도시에 불과하지만 조선시대만 하더라도 경상도란 이름의 기원이 되었을 만큼 크고 중요한 고을이었습니다. 그런 상주가 그림식 고을지도인 『해동지도』에 어떻게 그려졌는지 살펴보겠습니다. (그림 9)

읍성까지 뻗은 산줄기가 들어오는 서쪽을 위로 배치해보았습니다. 보시다시피 가운데의 읍성을 중심으로 산줄기와 물줄기가 복잡하게 얽히고설켜 있습니다. 아래쪽에는 그림 1에서 제시했던 전형적인 명당도를 다시 한번 수록하여 위의 그림 9와 쉽게 비교해볼 수 있도록 했습니다. (그림 10)

두 지도가 똑같지는 않아도 상당히 비슷하게 보이지 않나요? 전형적인 명당도의 명당에 해당되는 부분에 고을의 읍치인 읍성이 자리 잡고 있습니다. 그리고 서쪽(위)에서 읍성으로 들어온 산

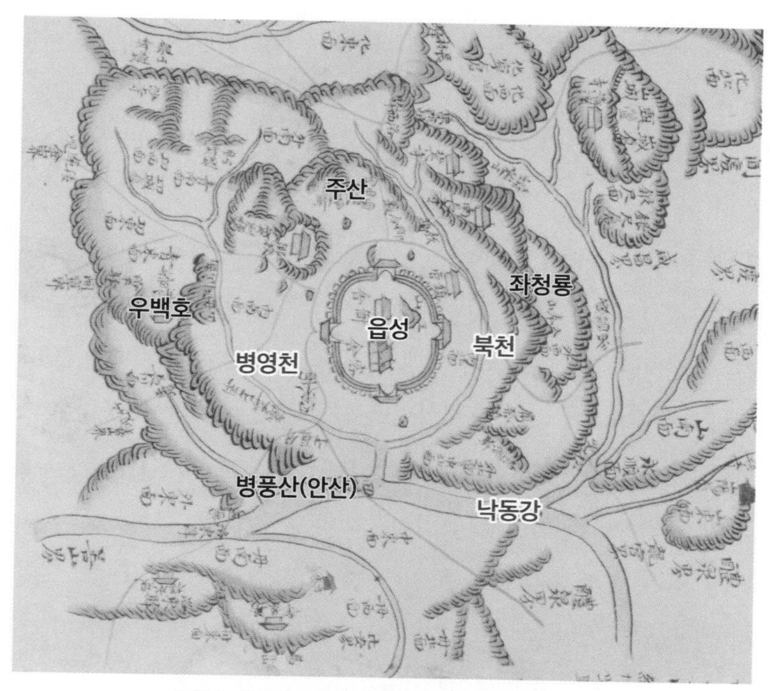

그림 9 상주의 그림식 고을지도 속 읍성 (『해동지도』)

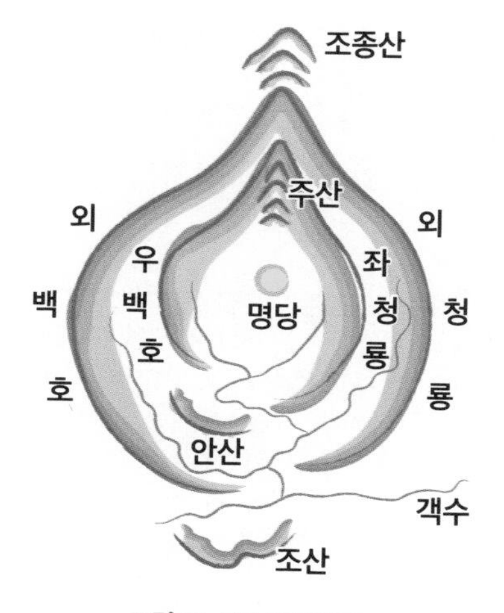

그림 10 풍수의 명당도

줄기가 주산으로 솟아 있고, 북쪽〔오른쪽〕과 남쪽〔왼쪽〕으로 좌청룡과 우백호의 산줄기가 뻗어나가며, 읍성의 동쪽〔아래쪽〕에는 병풍산(屛風山)이 풍수의 안산으로 솟아 있습니다. 주산의 양쪽에서 발원한 하천이 읍성을 돌아 합해지면서 풍수의 객수에 해당되는 동쪽〔아래쪽〕의 낙동강으로 합류됩니다. 이 정도면 풍수적으로 거의 100점을 주어도 무방한 것 아닐까요? 이 지도는 '우리 고을 명당이라오!'를 외치고 있는 것이 분명합니다. 그런데 과연 실제도 그랬을까요? 상주의 그림식 고을지도와 같은 영역을 그린 김정호의 목판본 『대동여지도』[1]의 이미지를 살펴보겠습니다. (그림 11)

역시 서쪽을 위쪽으로 배치했습니다. 상주의 그림식 고을지도에서 본 것과 전혀 다르게 북천과 병영천의 발원지가 읍성으로부터 매우 멀리 떨어져 있습니다. 읍성의 뒤쪽에 이르는 주산의 산줄기도 북천과 병영천 사이를 지나 아주 깁니다. 좌청룡과 우백호에 해당되는 산줄기도 북천과 병영천을 길게 빙 돌아서 읍성을 둘러쌉니다. 두 지도를 비교해보면 그림식 고을지도가 상주읍성으로부터 아주 멀리 있는 산줄기와 물줄기를 아주 가까이 있는 것처럼 그렸다는 것을 알 수 있습니다. 여기서 일제강점기 1:5만 지형

---

1 『대동여지도』: 김정호는 필사본으로 14첩 18첩 23첩 3번, 목판본으로 22첩 2번 등 5번에 걸쳐 『대동여지도』를 제작하여 세상에 내놓았다. 이 중 일반적으로 알려진 『대동여지도』는 1861년에 목판으로 제작·간행한 것을 가리키며, 22첩을 모두 연결하면 남북 약 6.6m의 초대형 우리나라 전도가 된다. 규장각 한국학연구원 사이트에서 '대동여지도'로 검색하면 22첩을 모두 연결한 목판본 『대동여지도』(청구기호: 奎10333)의 모습을 볼 수 있으며, 원문 크기까지 확대가 가능하다. 『대동여지도』를 포함한 김정호의 지도 제작 및 지리지 편찬에 관한 내용을 알고 싶다면 필자의 저서 『조선 최고의 개발자 김정호 나의 삶은 항상 신제품 개발이었다』(2021, 덕주)를 참조하면 된다.

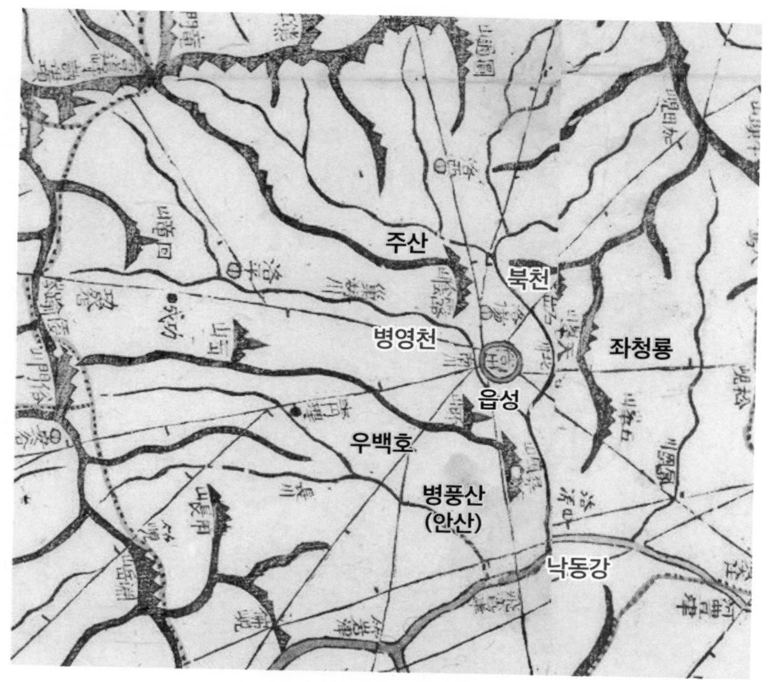

그림 11 상주의 읍성과 산줄기, 물줄기(『대동여지도』)

도에 그려진 상주읍성 지역도 살펴보겠습니다. (그림 12)

이번에는 일반 지도처럼 북쪽을 위쪽에 배치했습니다. 상주읍성은 북쪽의 북천과 남쪽의 병영천 사이 허허벌판의 넓은 평지 한가운데에 사각형의 모습으로 자리 잡았습니다. 그렇다면 상주읍성의 실질적인 풍수점수는 몇 점이나 될까요? 상주의 그림식 고을지도나 『대동여지도』에만 입각해보면 읍성의 뒤쪽은 산줄기가 뻗어 내려와서 주산으로 솟아난 서쪽으로 보입니다. 하지만 읍성의 뒤쪽은 북쪽이었습니다. 수도 서울의 방향이 임금이 거주하며 국

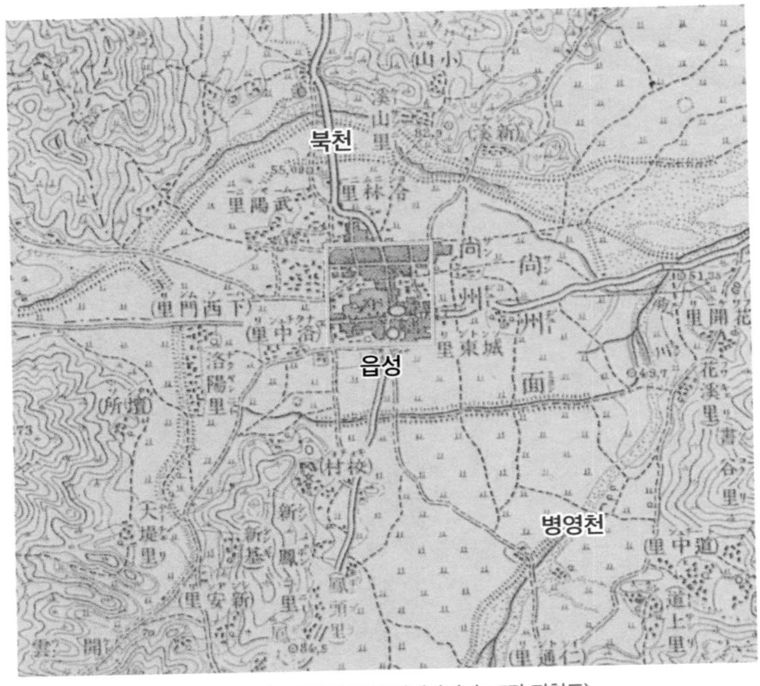

그림 12 상주읍성의 입지(일제강점기 1:5만 지형도)

가를 통치하던 경복궁에 의해 결정되었듯이, 읍성의 방향을 결정짓는 기준은 지방관이 집무를 보는 동헌(東軒)이었습니다. 그런데 상주의 동헌은 북쪽을 등지고 남쪽을 향해 있었습니다.

풍수의 전형적인 명당 형국의 관점에서 보면 명당의 뒤쪽 주산에서 명당까지는 지기(地氣)의 흐름을 보여주는 산줄기가 이어져 있어야 합니다. 그런데 상주읍성의 뒤쪽인 서북쪽이나 북쪽에서 오는 산줄기의 흐름이 북천에 막혀서 읍성 안의 동헌까지 전혀 연결되지 않습니다. 그러니 읍성 주변에서는 주산을 설정할 수 없고, 주산을 설정할 수 없다면 좌청룡-우백호-안산도 있을 수 없으니 풍수점수는 빵점입니다. 이것은 상주읍성이 풍수가 읍치의 터 잡기 기준으로 자리 잡기 이전에 만들어졌다는 것을 의미합니다

상주읍성은 세종 임금보다 훨씬 전인 고려 우왕 7년인 1381년에 축조되었고, 이후 위치를 옮긴 적이 없습니다. 만약 상주읍성처럼 산이 저 멀리 물러간 허허벌판의 평지에 자리 잡은 읍치를 발견한다면 정확한 시기는 알 수 없더라도 모두 고려시대에 만들어졌다고 보면 됩니다. 어쨌든 빵점짜리 상주읍성이라고 하더라도 풍수가 권위나 위엄을 표현하는 절대적인 기준이 된 조선 후기에는 어떻게든 풍수의 점수를 높여서 명당터로 보거나 보여야 했습니다. 이를 위해 상주읍성으로부터 엄청나게 멀리 떨어진 산과 산줄기를 억지로 끌어와 주산-좌청룡-우백호-안산의 명당 형국으로 인식하는 경향이 나타났고, 그것을 이미지로 그린 최고의 비보풍수가 상주의 그림식 고을지도인 것입니다.

충청도의 '충(忠)' 자가 유래된 충주(忠州)를 찾아가다

두 번째로 충청도의 충주로 가겠습니다. 충청도(忠清道)는 충주(忠州)에서 '충(忠)' 자, 청주(清州)에서 '청(清)' 자를 따서 이름을 지었습니다. 먼저 1872년의 충주 지도부터 살펴보겠습니다.(그림 13)

읍성 부분의 하천이 북쪽으로 빠져나가기 때문에 하천이 발원하는 남쪽을 위로 배치하기 위해 180° 회전시켜 보았습니다. 남한강이 동남쪽(왼쪽)에서 흘러들어와 서남쪽(오른쪽)의 달천강을 합한 후 서북쪽(아래쪽)으로 빠져나가고, 충주읍성이 큰 원으로 그려져 있습니다. 읍성에서 바라본 관점에서 산줄기의 흐름을 부드럽게 이어서 그린 점이 인상적입니다.

주산-좌청룡-우백호-안산의 산과 산줄기 흐름이 풍수의 명당도와 똑같지는 않지만 아주 비슷하지 않나요? 혹시 저 지도의 제작자가 풍수의 명당도를 보고 그린 것은 아닐까 의심스러울 정도입니다. 당시 이 지도의 제작자 머릿속에는 풍수의 명당도가 이미지로 들어가 있었다고 보면 됩니다. 풍수의 명당도는 당시의 사람

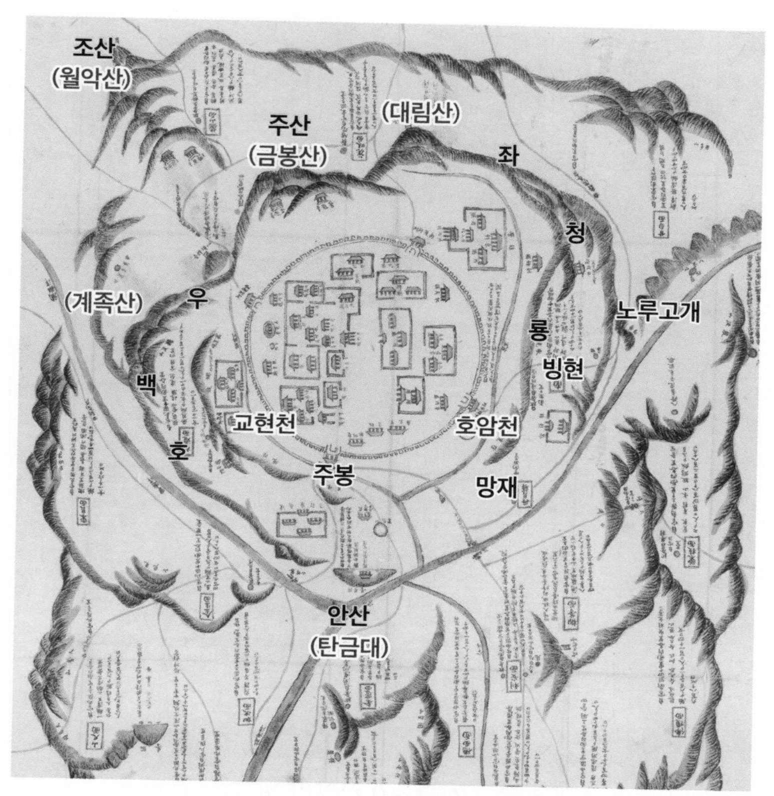

그림 13 충주의 그림식 고을지도 속 읍성(1872년 지방지도)

들에게는 상식이 되어 있었습니다. 그렇다면 실제 모습은 어땠을까요? 상주에서 한번 확인해봤으니까 궁금할 것입니다. 일제강점기 1:5만 지형도 위의 충주읍성 지역을 살펴보겠습니다.(그림 14)

이번에는 일반 지도처럼 북쪽을 위쪽으로 배치하였고, 그림식 고을지도 위에 표기한 지명들을 똑같이 써놓았습니다. 풍수의 전형적인 명당 형국과 비교하여 어떻게 보이나요? 그림식 고을지도

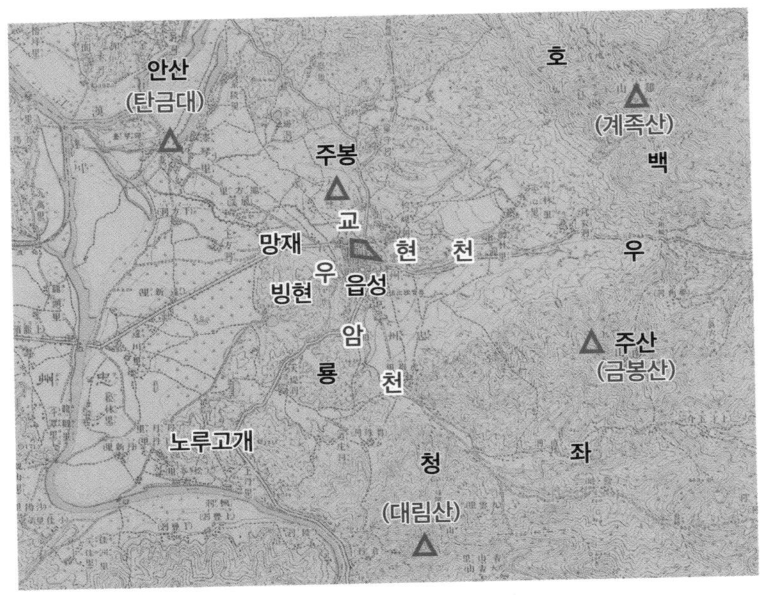

그림 14 충주읍성의 입지(일제강점기 1:5만 지형도)

보다 전형적이라고 보기 어렵지만 동남쪽의 주산 금봉산을 중심으로 대림산 방향의 좌청룡〔남〕, 계족산 방향의 우백호〔북〕, 탄금대의 안산〔북서〕이 상당히 잘 갖추어져 있는 것으로 보입니다. 게다가 주산과 우백호 사이에서 발원한 교현천과, 주산과 좌청룡 사이에서 발원한 우암천이 읍성 서북쪽에서 합류되어 빠져나가는 모습이 풍수의 전형적인 명당 형국의 명당수 흐름과 비슷하기도 합니다. 그런데 이 설명이 타당하려면 하나의 전제 조건이 성립해야 합니다. 충주읍성 안의 충주 동헌이 현재 관아공원에 충청감영의 청녕헌(淸寧軒)이라는 이름으로 보존되고 있습니다.(그림 15)

그렇다면 이 청녕헌의 방향은 어떻게 될까요?

그림 15 충주의 동헌 청녕헌

청녕헌의 방향이 어디냐에 따라 풍수의 전형적인 명당 형국으로 그린 그림식 고을지도의 내용이 맞을 수도 있고 아닐 수도 있습니다. 정답은 북쪽을 등지고 남향(南向)했습니다. 따라서 읍성의 방향을 결정지었던 동헌〔청녕헌〕의 관점에서 그림식 고을지도에 그려진 풍수의 전형적인 명당 형국은 사실이 아닙니다. 그림식 고을지도에도 읍성 안의 동헌〔청녕헌〕은 북쪽의 계족산을 등지고 남쪽을 향해 그려져 있습니다. 이 지도의 제작자도 당연히 이 사실을 알고 있었던 것입니다. 하지만 동헌〔청녕헌〕의 방향을 중심으로 주변의 산과 산줄기, 그리고 물줄기를 그리면 주산-좌청룡-우백호-안산의 전형적인 풍수의 명당 형국이 나오지 않기 때문에 그것을 무시하고 읍성 전체를 중심으로 동남쪽의 금봉산을 주산으로 설정하여 그린 것입니다.

혹시 동헌의 방향을 중심으로 그리더라도 주산-좌청룡-우백호-안산의 형세를 어느 정도 그려낼 수 있지 않을까요? 동북쪽의 계족산을 주산으로 하고, 서북쪽의 탄금대까지 뻗은 산줄기를 우백호, 동남쪽의 금봉산까지 뻗은 산줄기를 좌청룡, 남쪽의 대림산을 안산으로 보면 되지 않을까요?

만약 산과 산줄기만을 대상으로 하면 그렇게 볼 수 있습니다. 하지만 물줄기를 첨가해서 보면 그게 어렵습니다. 북쪽의 계족산과 읍성 사이에는 교현천이라는 하천이 있기 때문에 계족산에서 남쪽으로 뻗은 산줄기가 읍성까지 이어지지 않습니다. 산줄기의 흐름을 따라 흐른다고 여겼던 지기는 물을 만나면 건너지 못하고 멈춘다고 보았기 때문입니다. 따라서 계족산은 동헌〔청녕헌〕의 뒤쪽〔동북〕에 솟아 있음에도 불구하고 풍수의 관점에서 동헌〔청녕헌〕, 나아가 읍성의 주산이 될 수 없습니다. 이런 이유로 그림식 고을지도의 제작자는 동헌〔청녕헌〕의 방향을 무시하고 어쩔 수 없이 읍성까지 이어진 산줄기가 시작되는 동남쪽의 금봉산을 풍수의 주산으로 그릴 수밖에 없었던 것입니다. 아마 이 지도의 제작자뿐만 아니라 그 당시 충주 고을의 많은 사람도 그렇게 보고 싶었을 것입니다.

충주읍성이 있는 읍치 지역은 풍수의 명당 논리가 읍치의 터잡기에 적용되지 않던 시기, 상주처럼 넓은 평지의 한가운데 두 하천의 사이에 자리 잡았습니다. 하지만 그림식 고을지도를 제작하던 시기에는 풍수의 명당 논리에 따라 명당터에 자리 잡았다고 보고 싶었기 때문에 동헌〔청녕헌〕의 방향을 무시하고 동남쪽의 금봉산을 주산으로 삼아 주변의 산과 산줄기, 물줄기의 흐름을 그린 것입니다.

충청도의 '청(淸)' 자가 유래된 청주(淸州)를 찾아가다

세 번째로 충청도의 '청(淸)' 자가 유래된 청주로 가보겠습니다. 먼저 1872년의 청주 지도부터 살펴보겠습니다.(그림 16)

이번에는 풍수의 명당 형국을 이해할 수 있도록 처음부터 주산 방향인 동쪽을 위쪽으로 배치하였습니다. 명당수가 약간 그렇긴

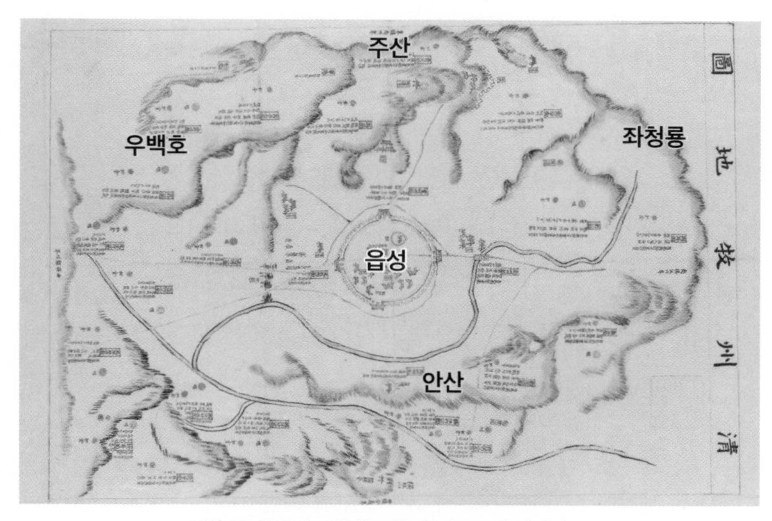

그림 16 청주의 그림식 고을지도(1872년 지방지도)

하지만 전체적으로 보면 거의 완벽한 풍수의 명당 형국으로 보입니다. 지도 위에 주산-좌청룡-우백호-안산에 해당하는 구체적인 산의 이름을 표시해놓지는 않았지만, 어찌 되었든 풍수 초보자라도 전형적인 풍수의 명당 형국으로 그렸다는 사실을 누구나 알 수 있을 것입니다. 그렇다면 실제로는 어떨까요? 1872년의 청주 지도는 청주 고을 전체를 대상으로 풍수의 명당 형국을 그렸습니다. 그래서 청주 고을의 영역 전체를 그린 김정호의 목판본 『대동여지도』를 살펴보겠습니다.(그림 17)

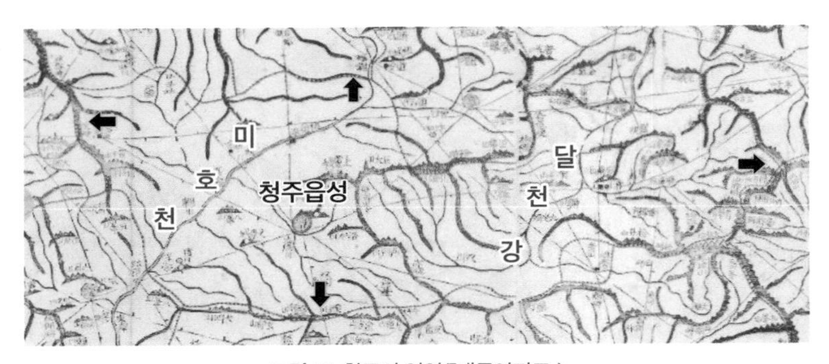

그림 17 청주의 영역(『대동여지도』)

김정호의 목판본 『대동여지도』를 잘 보면 청주 영역의 경계선이 붉은색 실선으로 그어져 있습니다. 그 안의 검은색 화살표는 청주 영역의 동쪽, 서쪽, 북쪽, 남쪽 끝을 가리킵니다. 전체적으로 청주의 영역은 남북으로 짧고 동서로 깁니다. 동쪽 지역은 남한강의 지류인 달천강의 유역에, 서쪽 지역은 금강의 지류인 미호천의 유역에 속해 있습니다.

『대동여지도』가 근대적 측량 정보를 이용하여 제작된 것이 아니기 때문에 100% 정확하지는 않습니다. 하지만 김정호가 수많은 정보를 비교 검토하여 제작한 것이기 때문에 대략적인 모습에서는 실제와 상당히 비슷합니다. 이런 『대동여지도』의 청주와 그림식 고을지도의 청주를 비교해보면 엄청난 창의력을 발휘했다고 말해야 할 정도로 너무나 다릅니다. 도대체 어떤 변화를 준 걸까요? 이를 알아보기 위해 청주의 그림식 고을지도와 『대동여지도』의 청주 지역을 비교할 수 있도록 동일한 지역에 동일한 번호를 붙여보았습니다.(그림 18, 19)

두 지도를 잘 비교할 수 있도록 둘 다 북쪽을 위쪽으로 배치하였습니다. 두 지도 위의 번호를 비교해보면 동쪽의 1~5번 지역에 있던 달천강이 청주의 그림식 고을지도에서 아예 사라졌습니다. 고을 전체를 풍수의 명당 형국으로 표현하기 위해 달천강을 생략하고 읍성을 지나는 미호천 하나만 있는 것처럼 그린 것입니다. 더 나아가 달천강 유역과 미호천 유역을 구분 짓는 산줄기도 없애버리면서 1~5번 지역이 모두 미호천 유역에 있는 것처럼 그렸습니다. 그뿐만이 아닙니다. 『대동여지도』에서 7번 지역과 12번 지역을 보면 미호천의 지류들이 다른 고을, 즉 동쪽의 청안, 북쪽의 진천과 목천 고을에서 청주 고을로 흘러 들어옵니다. 하지만 청주의 그림식 고을지도에는 산줄기의 이어짐을 방해하지 않기 위해 미호천 본류와 지류 전체가 청주 고을의 영역 안에서 발원하는 것처럼 그렸습니다. 보면 볼수록 엄청난 창의력입니다.

그런데 그림 18에서 '가'와 '나'로 표시한 것은 무슨 의미일까요? 간단히 설명하면, 조선에는 어떤 고을의 영역이 다른 고을의 경계

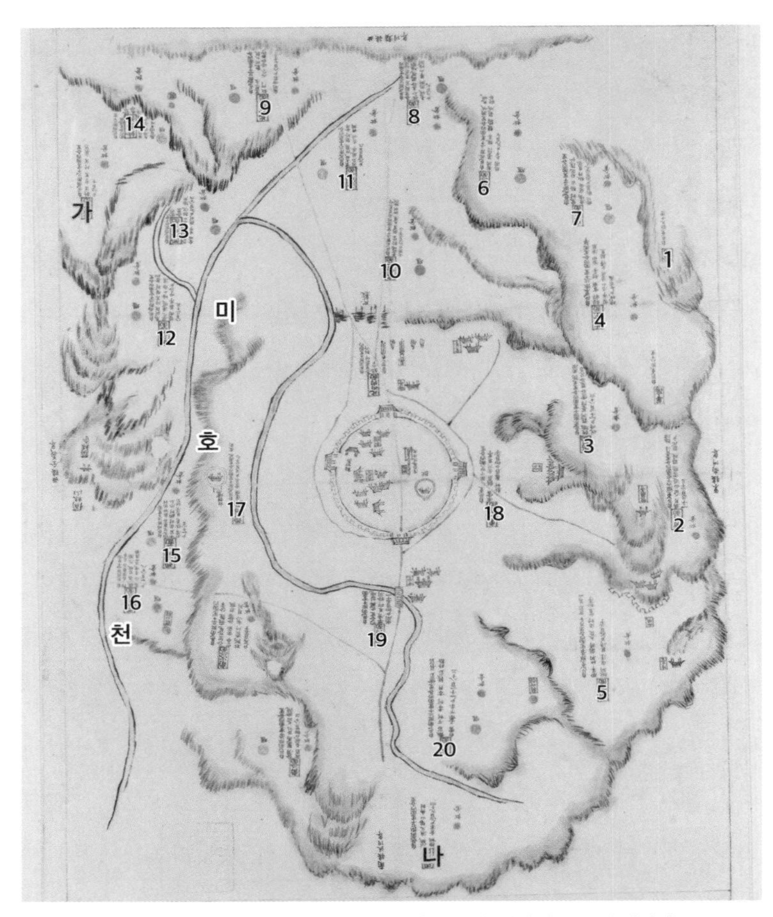

그림 18 청주의 그림식 고을지도 속 산줄기, 물줄기, 월경지(1872년 지방지도)

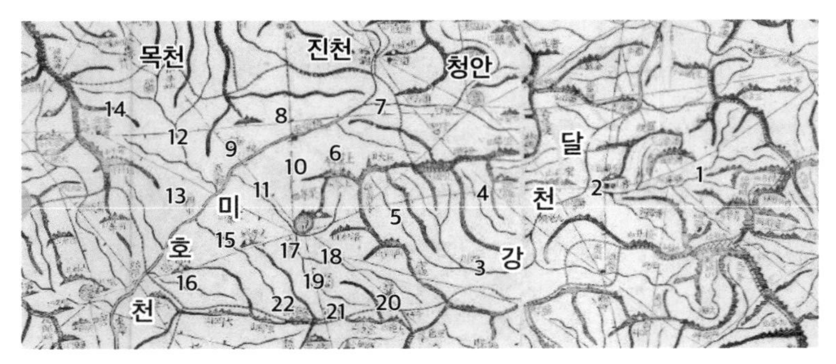

그림 19 『대동여지도』 속 청주의 산줄기, 물줄기

선을 넘어가 있는 월경지(越境地)라는 것이 곳곳에 있었습니다. 청주 고을에도 서쪽으로 전의(全義) 고을의 경계선을 넘어가 있는 덕평면(德坪面), 남쪽으로 문의(文義) 고을의 경계선을 넘어가 있는 주안면(周岸面)이라는 월경지가 있었습니다. 그런데 보시다시피 청주의 그림식 고을지도 위에는 두 면이 다른 고을의 경계를 넘어가 있는 월경지란 사실을 알 수 없게 그렸습니다. 고을 전체가 풍수적으로 하나의 통합된 땅임을 표현하고 싶었던 것입니다. 이런 엄청난 창의력을 통해 청주는 풍수점수 100점의 새로운 고을로 탄생하였습니다. 그냥 '우리 고을 명당이라오!'를 넘어 '우리 고을 100점 만점의 명당이라오!' 이렇게 외치고 싶었던 것입니다.

그렇다면 청주읍성 바로 주변의 산줄기와 물줄기는 실제로 어떤 모습이었을까요? 청주읍성이 상세한 일제강점기의 1:5만 지형도를 살펴보겠습니다.

그림 20이 일제강점기 1:5만 지형도 위의 청주 읍내 모습이고 그림 21은 1872년의 청주 지도에서 청주읍성 부분만 확대해 본 것입니다. 일제강점기 1:5만 지형도에는 읍성을 중심으로 동쪽과 서쪽에 산이 있고 남북으로는 무심천을 따라 평지가 길게 펼쳐집니다. 그리고 읍성에 있던 동헌의 방향은 북쪽을 등지고 남쪽을 향해 있었습니다. 따라서 청주읍치도 풍수의 주산을 설정할 수 없어 풍수점수는 0점이고, 이것은 풍수가 읍치의 터잡기에 적용되기 시작한 세종 임금 이전에 청주의 읍치가 자리 잡았다는 의미입니다. 청주 읍성은 1485년에 축조되었는데, 읍치는 그보다 훨씬 이전에 자리 잡았습니다.

그림 20 청주읍성의 입지(일제강점기 1:5만 지형도)

청주의 그림식 고을지도에는 용두사지철당간이 특별히 표시되어 있습니다. 1부에서 허허벌판의 완전 평지에 풍수점수가 0점인 읍치의 경우 행주형(行舟形)의 풍수 형국으로 설명하면서 읍치 안에 당간지주 같은 것이 있으면 그것을 배의 돛대로 여긴다고 하였

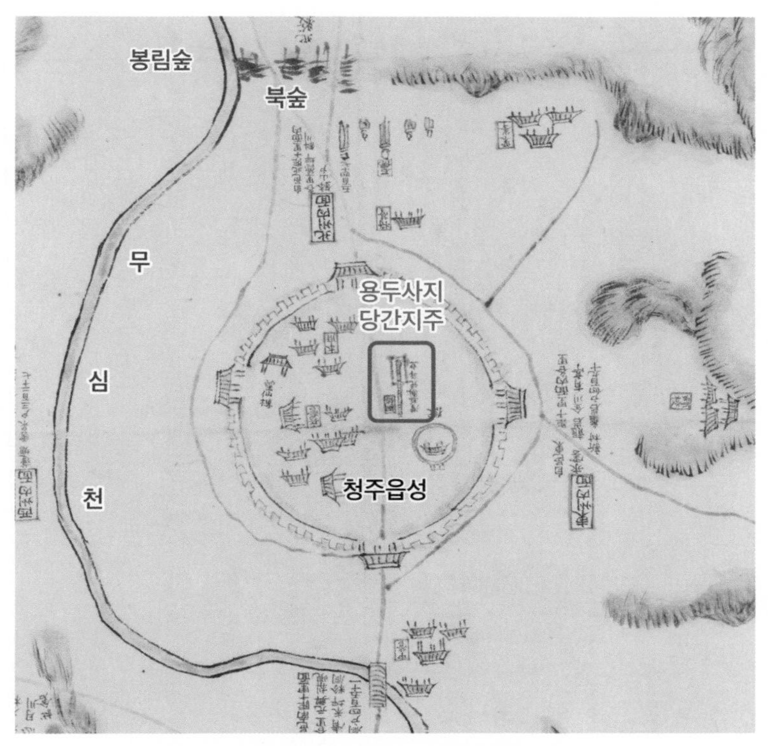

그림 21 청주의 그림식 고을지도 속 읍성(1872년 지방지도)

습니다. 청주 사람들도 청주의 읍치를 행주형으로, 그리고 용두사지철당간을 배의 돛대로 여긴 것입니다. 인터넷 포털사이트에서 검색하면 찾을 수 있는 디지털청주문화대전의 용두사지철당간에 그런 내용이 그대로 실려 있습니다. 다만 거기에는 잘못된 내용도 있습니다.

용두사지철당간을 만들 때부터 그 지역이 행주형의 풍수 형국이었기 때문에 배가 떠내려가지 않도록 돛대의 용도로 사용하기

그림 22 청주읍성 안 용두사지철당간(국가문화유산포털)

위해 용두사지철당간을 만든 것처럼 나옵니다. 하지만 용두사지 철당간은 고려 초에 만들어졌고, 그때는 풍수가 유행하지 않았습니다. 풍수가 유행한 후대에 풍수의 의미를 덧붙여서 만들어진 이야기입니다. 이런 사례는 전국적으로 꽤 됩니다. 참고로 용두사지 철당간을 비롯하여 청주 지역의 풍수와 관련된 '디지털청주문화대전' 내용의 전문을 그대로 수록해드립니다.

<디지털청주문화대전>

1. 청주 용두사지 철당간

이 철당간과 관련된 다음과 같은 연기설화(緣起說話)가 있습니다. 팔도를 순례하던 운등사(雲燈寺) 주지 혜원(蕙園) 스님이 청주 고을을 지나다가 청주 북쪽에 있는 율량 객방(栗陽客房)에서 하룻밤 쉬어 가게 되었다. 자정이 넘자 큰 비가 내렸고 먼동이 틀 무렵 서쪽 하늘에 영롱한 무지개가 다리를 놓은 위로 부처님이 나타나 혜원(蕙園) 스님에게 "용두사에 들어가 배가 떠내려가지 않도록 돛대를 세워라."고 말했다. 비몽사몽간에 부처님의 현시(顯示)를 받은 혜원(蕙園) 스님은 급히 행장을 수습하여 용두사 주지 스님을 만났다. 그 스님도 혜원(蕙園) 스님과 꼭 같은 현시를 부처님으로부터 받았다고 했다. 그러나 두 스님이 아무리 생각해도 부처님이 현시한 돛대가 무엇을 뜻하는지를 알 수가 없었다. 며칠 뒤 한 초립동이 나타나 목암사에 올라가서 조용히 살펴보면 그 뜻을 알 수 있을 것이라고 일러주고 사라졌다. 혜원(蕙園) 스님이 혼자 목암산(牧岩山)에 올라가 초막을 짓고 청주 고을을 살펴보다가 어느 날 밤중에 고을이 북쪽으로 움직이는 착각을 느끼고 깨달음을 얻었다. 그 길로 내려와 용두사 경내에 지주(支柱)를 모아 김예종에게 철당간을 세우도록 하였다. 청주는 풍수지리적(風水地理的) 형국이 배가 지나가는 모양인 이른바 행주형(行舟形)이어서 주성(舟城)이라는 별명을 가지고 있다. 청주가 행주형이라는 것을 다음과 같이 설명하고 있다. 무심천(無心川)은 청주 시가지를 가운데 두고 석교초등학교 부근에서 동쪽은 서운동, 문화동, 우암동 쪽으로 직류(直流)하여 청주농고 앞에서 서류(西流)하였고, 서쪽은 대체로 현재의 하도(河道)에 따라 흘러 내덕동 부근에서 두 내가 합류하였다고 전한다. (지금은 1939년 및 1969년 무심천(無心川) 제방공사에 의해 전혀 다른 모습이 되었다.) 그래서 청주의 지형은 마치 물위에 배가 떠 있는 형상과 같아서 주성이란 별칭을 얻게 되었다.

2. 청주의 풍수 (* '풍수'로 검색하여 찾음)

청주는 땅이 기름지고 서울에 가까워 조선시대 사대부들이 주택과 농지를 마련하여 생활의 터전으로 삼았는데, 특히 지형이 행주형(行舟形) 즉 배가 가는 형국이라고 해서 일명 '주성(舟城)'이라 하였다. 『동국여지승람(東國輿地勝覽)』에는 청주 남문로 2가 옛 용두사(龍頭寺) 절터에 남아 있는 철당간(鐵幢竿)이 청주를 처음 설치할 때 지술가(地術家)의 말에 따라 '배가 가는 형국'을 나타낸 것이라고 하였고, 청주시청 건물도 주성이라는 이름 때문에 배 모양으로 설계되었다고 한다. 그런데 청주의 지세는 남쪽이 막히고 북쪽이 트여 무심천(無心川)이 북쪽으로 흐르는 역수(逆水)라는 결함을 가지고 있다. 때문에 청주의 풍수적 결함으로 읍기(邑基)가 흩어지는 것을 방지하기 위하여 지금의 수곡동에 남숲을 조성하고, 운천동에 북숲 일명 봉림(鳳林)을 조성하여 비보(裨補)하였다. 조선의 실학자인 이중환은 『택리지(擇里志)』에서 "청주의 지세가 동쪽이 높고 북쪽이 낮아 항상 죽음의 기운이 있다. 청주에 병마절도사(兵馬節度使)를 두었는데 무신년(戊申年)에 이르러 이인좌(李麟佐)가 반란을 일으켜 밤에 청주성을 습격하여 당시의 병사(兵使) 이봉상(李鳳祥)[1676~1728]과 영장(營長) 남연년(南延年)을 죽이고 드디어 청주성을 근거로 반역하였다."고 하여 1728년(영조 4) 청주에서 일어난 이인좌의 반란을 청주의 풍수, 즉 무심천(無心川)의 역수에서 그 요인을 찾았다. 이인좌의 반란은 당시의 고질적인 당쟁에서 비롯된 것인데도 풍수의 탓으로 돌린 것은 조선시대 풍수 사상의 일면을 보여주는 좋은 예이다. 한편 청주의 진산(鎭山)인 당이산(唐羡山)은 오늘날 흔히 '우암산(牛岩山)[338m]'으로 부르고 있지만, 옛날에는 소가 누워 있는 형국이라는 풍수설에 따라 '와우산(臥牛山)'이라 불렀는데 일설에는 청주대학교 박물관 앞의 작은 연못이 소의 먹이를 담는 구유의 자리라고 한다.

3. 북숲 (* '수반들'로 검색하여 찾음)

'수반들'은 '숲안들'의 변화형이다. 즉 '숲안들'이 발음하기 좋게 '숩안들'이 되고, 이것이 소리나는 대로 표기되어 '수반들'이 된 것이다. 여기서 '숲'은 '북숲'을 말한다. 북숲은 용화사와 청주농업고등학교 사이에 있던 숲으로, 풍수지리적인 관점에서 인위적으로 조성되었던 숲이다. 또한 '안'은 '내(內)'의 뜻이니, '수반들'은 결국 '북숲 안의 들'로 해석된다. 본 예 '수반들'은 달리 '수안들'로도 불린다. '숲'의 중세국어는 '수ㅎ'였는데, 여기에 '안'과 '들'이 결합하여 '수안들'이 된 것이다. 그러나 평촌동 벌말 서쪽에 있는 들, 운천동 산정말 안쪽에 있던 들과 마을은 '수반들' 대신 '수안들'로 불렸다.

청주에는 인공숲으로 먼저 만든 봉림숲과 나중에 만든 북숲 2곳이 있었습니다. 그중 봉림숲은 행주형의 명당 형국에서 배가 북쪽으로 흘러나가는 무심천을 따라 떠나가지 말라고 만들었다는 내용이 문헌 기록에 나옵니다. 그런데 청주의 그림식 고을지도에는 읍성 북쪽의 북숲만 그려져 있고 봉림숲은 없습니다. 풍수의 명당 형국을 다르게 보고 싶었기 때문에 나타난 현상입니다.

청주의 그림식 고을지도의 제작자는 읍성 동북쪽의 우암산을 풍수의 주산으로 설정하고는 우암산에서 왼쪽으로 뻗은 산줄기를 좌청룡(남)으로 보았습니다. 그런데 우암산 오른쪽(서쪽)의 지역은 무심천가의 평지이기 때문에 우백호(북)를 설정할 만한 산줄기가 없습니다. 그래서 우백호 자리에 북숲을 만들어 우백호의 산줄기로 인식한 것입니다. 안산은 당연히 무심천 반대편의 산으로 보았습니다. 이렇게 본다면 굳이 행주형의 풍수 형국이라고 볼 필요가 없게 되고, 그래서 오랫동안 배가 떠나가지 않게 만드는 역할로 여겨온 봉림숲을 그리지 않게 된 것입니다. 이걸 지도에 표시해보았습니다.(그림 23)

풍수의 명당 형국에 대한 인식이 바뀌는 사례는 청주의 읍성처럼 주변 지형이 애매한 다른 지역에서도 나타날 수 있습니다. 지기(地氣)는 실재하지 않는 것에 대한 믿음일 뿐이고, 그렇기 때문에 누구나 반박할 수 없을 정도로 객관적인 지기란 있을 수 없습니다. 따라서 지기의 흐름에 대한 인식은 개인의 주관에 따라 바뀔 수 있습니다. 1872년의 청주 지도보다 150년 정도 더 빠른『해동지도』의 청주 지도를 살펴보겠습니다.(그림 24)

그림 23 청주읍성의 입지(일제강점기 1:5만 지형도)

이 지도에는 북숲이 없고 봉림숲만 그려져 있습니다. 이 당시까지만 하더라도 청주의 읍치를 행주형의 명당 형국으로 봤고, 그렇기 때문에 배가 떠나가지 말라는 의미로 인공적으로 조성하여 보호한 봉림숲을 그려 넣은 것입니다.

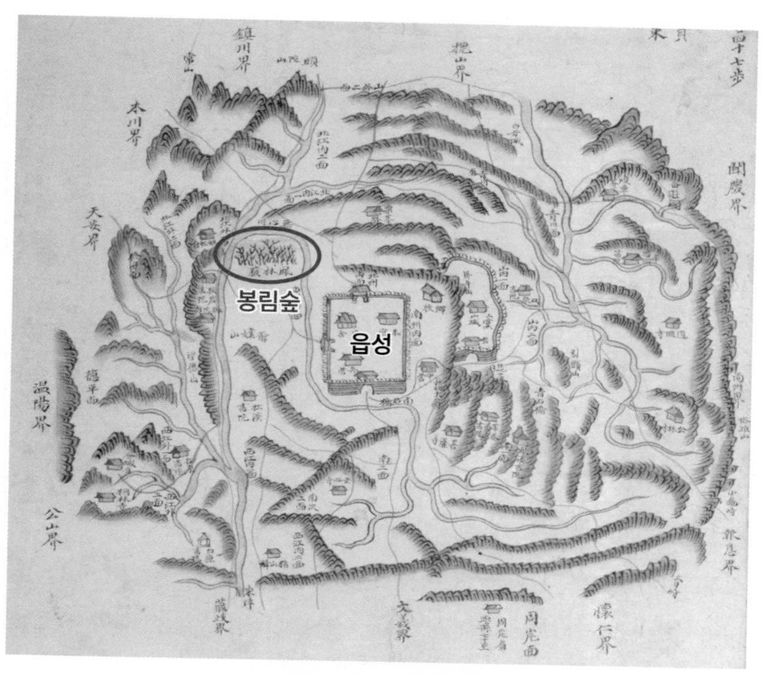

그림 24 청주의 그림식 고을지도(『해동지도』)

강원도의 '원(原)' 자가 유래된 원주(原州)를 찾아가다

네 번째로 강원도의 원주 고을을 가보도록 하겠습니다. 강원도(江原道)란 이름은 강릉(江陵)에서 '강(江)' 자, 원주(原州)에서 '원(原)' 자를 따서 만든 것이고, 강원도의 감영, 즉 요즘의 도청소재지가 원주에 있었습니다. 그만큼 크고 중요한 고을이었다는 의미입니다. 그렇다면 1872년의 원주 지도를 살펴보겠습니다. (그림 25)

동쪽이 위쪽으로 배치되어 있고, 읍치를 중심으로 산과 산줄기가 둥글게 겹겹이 펼쳐지고 있습니다. 주산-좌청룡-우백호-안산의 위치를 표시하지 않은 채 산과 산줄기의 흐름만 봐도 풍수점수 100점을 줄 수 있을 것 같지 않나요? 그런데 필자가 주산-좌청룡-우백호-안산의 위치를 표시하지 않은 이유가 있습니다. 여기서 김정호의 목판본『대동여지도』에 그려진 원주의 지도를 살펴보겠습니다.

그림 26은『대동여지도』의 원주 지역이고, 그림 27은 1872년의 원주 지도입니다. 서로 비교하면서 보기 좋도록 둘 다 북쪽을 위

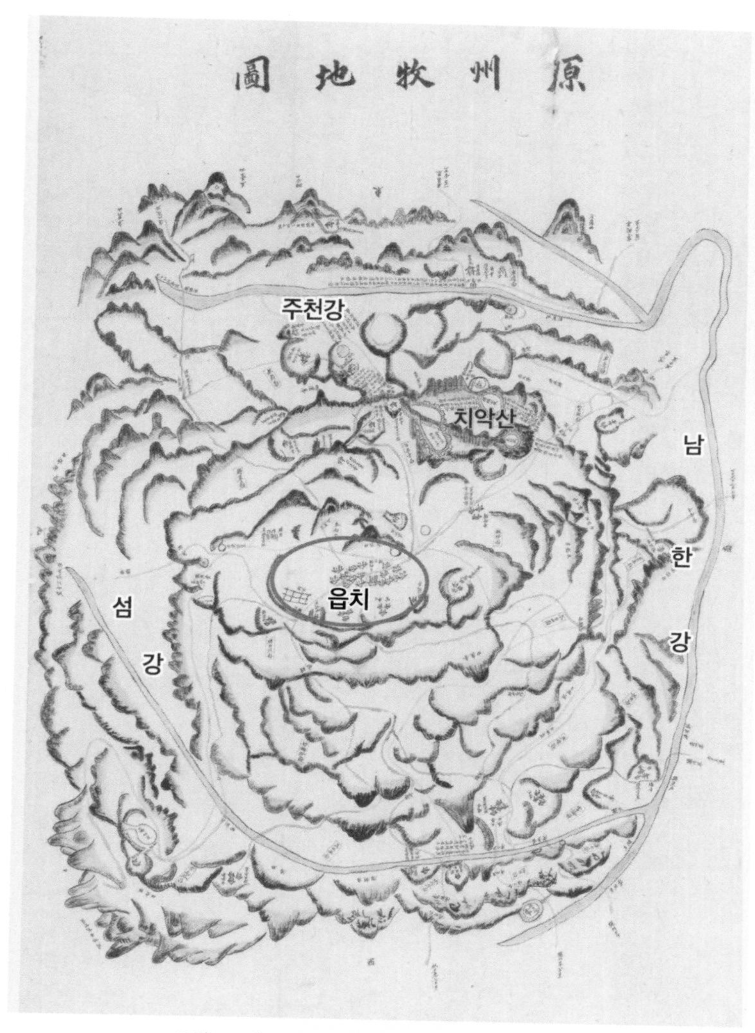

그림 25 원주의 그림식 고을지도(1872년 지방지도)

로 배치했습니다. 『대동여지도』를 보면 원주의 실제 모습도 청주처럼 동서로 길쭉합니다. 그런데 그림식 고을지도에서는 읍치를

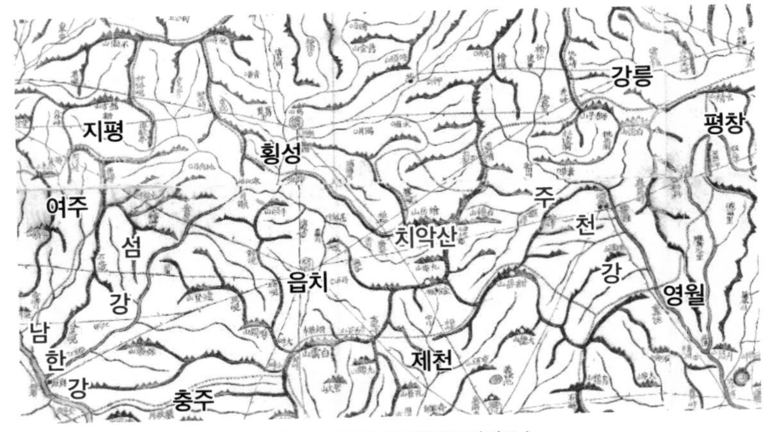

그림 26 원주의 영역(『대동여지도』)

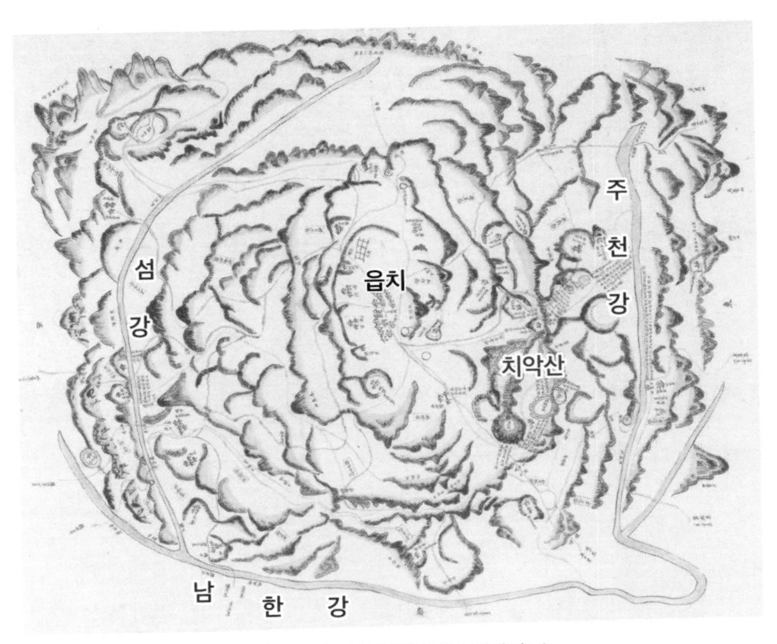

그림 27 원주의 영역(1872년 지방지도)

중심으로 고을 전체의 산과 산줄기를 풍수의 명당 형국에 맞추려다 보니까 읍치에서 멀리 떨어진 지역이 상당히 축소되었습니다. 그리고 고을 전체를 통일된 명당 형국으로 묘사하기 위해 첫째, 섬강의 상류가 북쪽의 횡성과 지평에서 둘째, 주천강의 상류가 북쪽의 횡성에서 흘러 들어옴에도 마치 원주의 영역 안에서 발원하는 것처럼 그렸습니다. 또한 남한강 본류가 원주 지역과는 아주 적은 부분만 접해 있음에도 마치 주천강에서 섬강까지 모두 이어진 것처럼 오해할 수 있도록 그렸습니다.

어찌 되었든 고을 전체적으로 산과 산줄기가 모두 이어진 것처럼 그리기 위해 물줄기의 흐름을 대폭 변형시켰습니다. 그렇게 하니 산줄기가 읍치를 중심으로 마치 이중 구조의 명당 형국을 형성하고 있는 것처럼 보이게 됩니다. 그렇다면 읍치 바로 주변 지역은 어떻게 그렸을까요? 확대해서 살펴보겠습니다. (그림 28)

주산이 서쪽에 있고, 안산이 동쪽에 있습니다. 주산-좌청룡-우백호-안산의 모습이 너무나 분명하여 설명할 필요도 없이 풍수점수 100점을 줄 수 있지만 필자는 80점 정도 주고 싶습니다. 산과 산줄기만 보면 100점이 맞는데 파란색 가는 실선의 물줄기를 잘 살펴보면 주산-좌청룡-우백호-안산의 명당 형국을 훨씬 벗어난 오른쪽 아래의 치악산 서쪽과 남쪽에서 발원하여 흘러들어와 읍치를 관통하고 왼쪽 위의 서북쪽으로 빠져나갑니다. 지도의 제작자는 원주의 읍치를 풍수점수 100점으로 보이게 하고 싶어서 방해되는 물줄기의 흐름을 보일 듯 말 듯 그려 넣고 산과 산줄기를 엄청나게 강조해서 표현한 것입니다. 제작자의 의도가 교묘합니다.

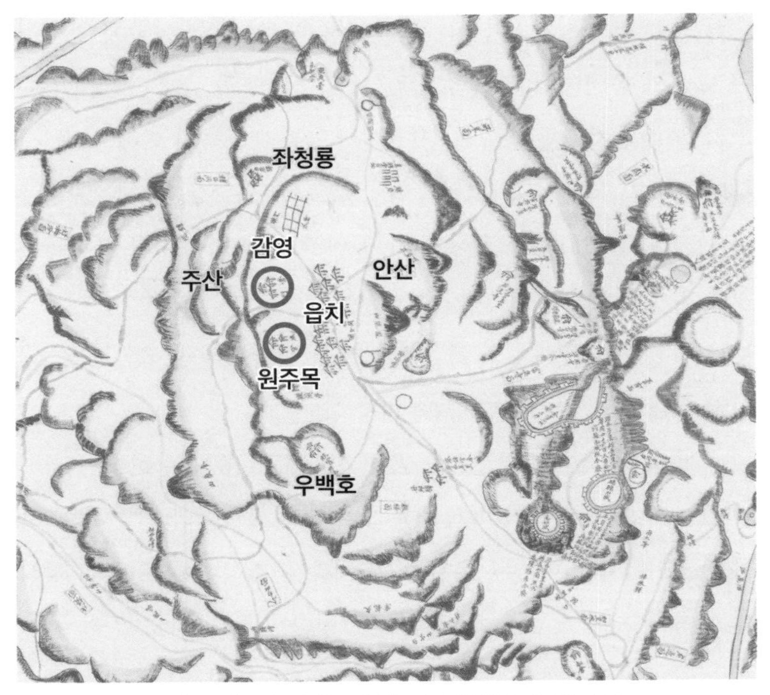

그림 28 원주의 그림속 고을지도 속 읍치(1872년 지방지도)

필자가 파란색 원으로 강원 감영과 원주목의 건물을 특별히 표시해 놓았습니다. 저 지도에만 입각해보면 감영과 원주목의 건물 방향이 어떻게 보이나요? 주산이 있는 서쪽을 등지고 안산 방향의 동쪽을 향해 있는 것으로 보이지 않나요? 감영과 원주목의 건물뿐만 아니라 읍치 안의 다른 건물들도 다 서쪽을 등지고 동쪽을 향해 있는 것처럼 그려져 있습니다. 그렇다면 과연 실제로도 이럴까요? 이를 알아보기 위해 일제강점기 1:5만 지형도 위의 원주읍치 모습을 살펴보겠습니다.(그림 29)

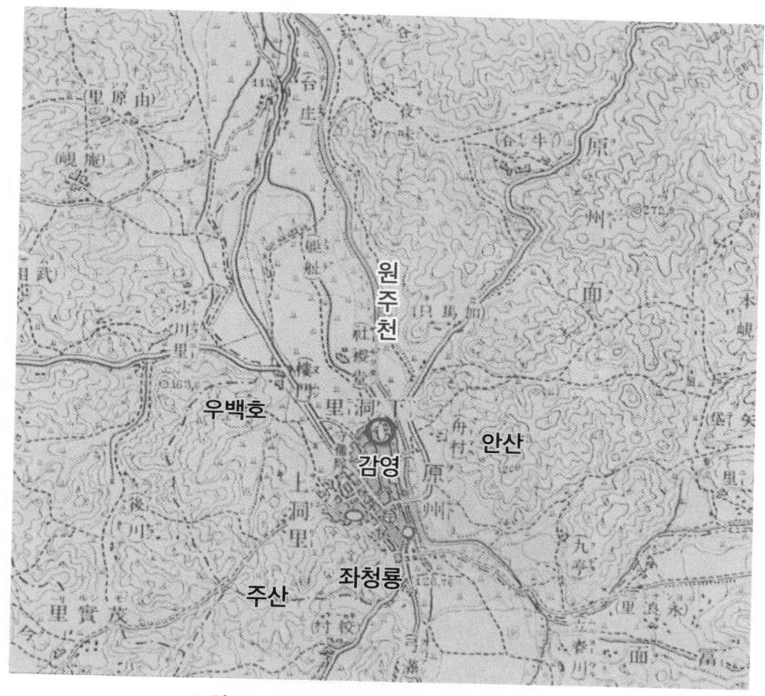

그림 29 원주의 읍치(일제강점기 1:5만 지형도)

1:5만 지형도 위의 원주읍치 모습은 서쪽과 동쪽에 산과 산줄기가 있고, 원주천이 동남쪽에서 흘러 들어와 북쪽으로 빠져나갑니다. 그리고 원주천을 따라 평지가 남남동쪽에서 북북서쪽으로 펼쳐져 있고, 원주읍치는 그 서쪽의 평지에 자리 잡았습니다. 1872년의 원주 지도에는 감영이 서쪽의 주산에서 뻗어온 산줄기 끝에 서쪽을 등지고 동향한 것처럼 그려져 있었습니다. 하지만 실제로는 그게 아닙니다. 감영은 산줄기 끝이 아니라 산줄기에서 꽤 떨어진 평지에 있었습니다. 원주 감영은 지금 복원되어 있어서 누구

그림 30 원주 감영의 선화당(국가문화유산포털)

든 가서 볼 수 있습니다. 감영의 건물 방향도 서쪽을 등지고 동쪽을 향한 것이 아닙니다. 감영의 동헌을 선화당(宣化堂)이라고 하는데, 지금 가서 보면 북북서쪽을 등지고 남남동쪽을 향해 있습니다. 원주천가에 형성된 평지의 방향과 거의 같은 것입니다. 그렇다면 선화당의 뒤쪽으로는 허허벌판이 펼쳐지고 있어서 주산을 설정할 수 없습니다. 그러므로 풍수점수는 0점입니다.

1872년의 원주 지도에서 감영이 주산 방향의 서쪽을 등지고 안산 방향의 동쪽을 등진 것처럼 그린 것은 풍수점수 0점인 읍치를 100점 또는 80점으로 올리고 싶은 마음에서 산과 산줄기의 방향에 맞게 감영의 방향을 변형시켜서 '우리 고을도 명당이라오!' 이렇게 외치고 싶었던 것입니다. 물론 당시의 원주 사람들 대부분도 그렇게 보고 싶어 했을 것입니다.

전라도의 '전(全)' 자가 유래된 전주(全州)를 찾아가다

다섯 번째로 이번에는 전라도의 전주로 가보겠습니다. 전라도(全羅道)는 전주(全州)에서 '전(全)' 자, 나주(羅州)에서 '나(羅)' 자 한 글자씩 따서 만든 이름입니다. 우선 『해동지도』의 전주 지도를 살펴보겠습니다.(그림 31)

그림 31 전주의 그림식 고을지도(『해동지도』)

읍성을 중심으로 산과 산줄기가 겹겹이 감싸고 있는 모습이 원주의 그림식 고을지도와 비슷하고, 다른 고을의 경계선을 넘어가 있는 땅인 월경지 두 곳을 월경지 느낌이 들지 않도록 연결해서 그린 것은 청주의 그림식 고을지도와 비슷합니다. 지도만 봐도 '우리 고을 명당이라오!' 이렇게 외치고 싶었던 제작자의 마음을 쉽게 읽을 수 있지 않나요? 혹시 풍수점수를 매긴다면 몇 점을 줄 수 있을까요?

읍성 주변만 보면 읍성의 남쪽과 서쪽을 지나는 전주천의 발원지가 동남쪽으로 꽤 멀게 그려졌기 때문에 주산-좌청룡-우백호-안산을 정확하게 설정하기는 어려울 것 같습니다. 게다가 전주천이 동남쪽에서 흘러와 서북쪽으로 빠져나갑니다. 그래서 필자는 풍수점수로 50~60점 정도를 주면 어떨까 하는 생각이 듭니다. 그렇다면 이렇게 풍수점수를 높게 주기 어렵게 그린 이유는 무엇일까요?

지도 제작자마다 풍수점수 0점인 읍치를 100점이나 그에 가깝게 그려내는 방식이 비슷한 듯하면서도 달랐습니다. 만약 전주천의 발원지를 읍성에서 훨씬 더 가깝게 잡아서 그렸다면, 예를 들어 읍성 바로 남쪽 정도로만 잡아서 그렸다면 아마 지도에서 주산-좌청룡-우백호-안산의 모습을 설정하기가 훨씬 쉬웠을 것입니다. 어쨌든 그렇게 하지 않았는데, 그 이유가 무엇일지 궁금해집니다. 이를 살펴보기 위해 일제강점기의 1:5만 지형도 위에 그려진 전주

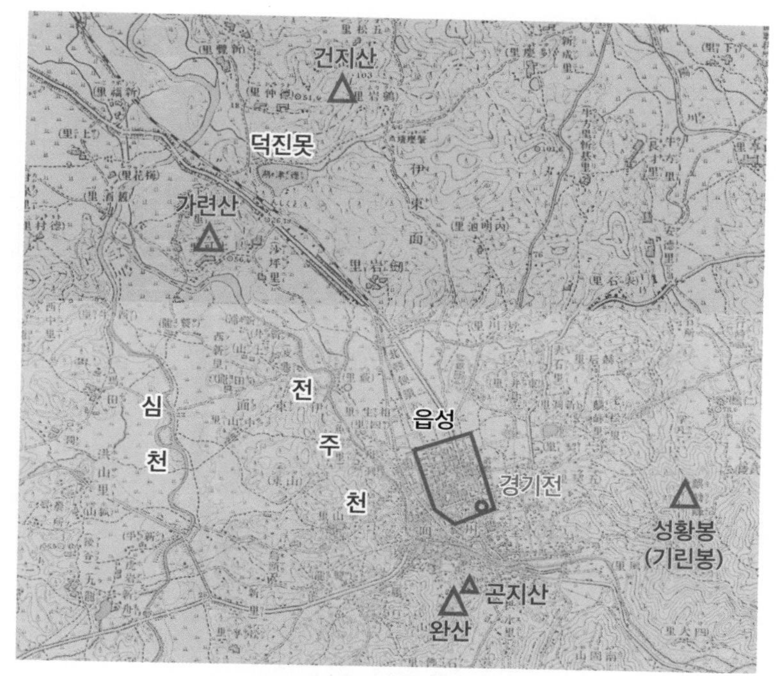

그림 32 전주읍성의 입지(일제강점기 1:5만 지형도)

읍성[2]과 그 주변 모습을 살펴보겠습니다. (그림 32)

---

2 전주읍성 : 『세종실록지리지(世宗實錄地理志)』와 『신증동국여지승람』에 수록된 조선 전기의 전주 읍지에는 전주읍성의 최초 축조 연대가 기록되어 있지 않다. 다만 조선 후기의 전주 읍지 대부분에 "조선 초기(國初)에 도관찰사(都觀察使) 최유경(崔有慶, 1343~1413)이 처음으로 축조했다."는 내용이 나오는데, 이 기록에서 '조선 초기(國初)'라는 부분은 잘못된 것이다. 『고려사』에는 최유경이 전라도 도관찰출척사로 된 시기가 고려 창왕 때인 1388년 8월로 나오며, 도관찰출척사의 줄임말이 도관찰사였다. 『완산지기문(完山誌記文)』 풍남문루의 「관찰사조현명기(觀察使趙顯命記)」에는 "전주읍성(府城)의 설립은 우리 태조대왕이 의로움을 일으켜 (위화도에서) 회군한 연도에 있었고, 관찰사 최유경이 그것을 주관하였다고 한다."라고 기록되어 있다. 최유경이 전라도 도관찰출척사로 임명된 1388년 8월은 이성계가 위화도 회군으로 정권을 잡은 1388년 6월 직후였기 때문에 전주읍성의 최초 축성 연대는 1388년이었다.

전주 읍성은 전주천을 따라 북북서-남남동 방향으로 길게 펼쳐진 넓은 평지에 자리 잡았고 그 안에 있던 전주 감영의 동헌인 선화당도 전주천과 같이 북북서를 등지고 남남동을 향했습니다. 따라서 읍성은 주산을 설정할 수 없어서 풍수점수로는 0점에 해당합니다. 그런데 그림 32에 읍성 뒤쪽으로 가련산이나 건지산을 표시해놓았으니 저 산을 주산으로 설정할 수 있는 것 아닌지 궁금할 수 있습니다. 하지만 건지산(103m)과 가련산(106m)은 아주 낮은 산이고 읍성으로부터 4km 가까이 떨어져 있습니다. 그래서 읍성에서 북북서쪽을 바라보면 저 멀리 낮은 야산으로 보이긴 보이지만 웅장한 주산의 느낌은 전혀 없습니다. 만약 풍수의 명당 논리에 따라 읍성터가 선택되었다면 시각적 측면에서 그런 산을 주산으로 삼는 경우는 없습니다. 결국 전주읍성도 풍수의 명당 논리가 읍치의 터잡기에 본격적으로 적용되기 시작한 세종 임금 이전에 만들어졌다는 의미입니다. 전주읍성은 1388년에 축조되었다는 문헌기록이 분명하게 전해집니다.

전주읍성 안에는 요즘 경기전으로 부르는 건물이 진전(眞殿)이라는 이름으로 표시되어 있습니다. 진전은 조선의 건국자 태조 이성계의 어진(御眞), 즉 초상화를 봉안하여 주기적으로 제사를 지내던 곳입니다. 전주읍성 안에 진전이 있게 된 이유는 조선을 건국한 태조 이성계의 본관이 전주였기 때문이고, 이런 진전이 완성된 것은 1442년(세종 24)입니다.

임금의 초상화가 살아 있는 임금과 같은 대우를 받았던 조선 사회에서 건국자의 초상화가 봉안된 전주읍성 또한 서울처럼 임금의 권위를 표현해야 하는 도시가 되었습니다. 그때 수도인 서울의 권위를 표현하는 논리는 다 아시다시피 주산-좌청룡-우백호-안산의 산과 산줄기로 둘러싸인 곳을 최고로 여기는 풍수였고, 따라서 전주도 풍수의 명당 논리에 따라 서울처럼 만들려고 했습니다. 그런데 전주의 읍치는 풍수의 명당 논리와는 아무런 상관없이 뒤쪽〔북북서〕으로 산이 보일락말락 저 멀리 떨어진 평지에 들어선 도시였습니다. 도대체 어떻게 서울처럼 만들 수 있었을까요?

읍성 뒤쪽 가까이에 높은 주산이 솟아 있지 않았기 때문에 실제의 눈으로는 당연히 서울처럼 만들 수 없었습니다. 그래서 마음의 눈으로라도 서울처럼 만들고자 했습니다. 읍성의 뒤쪽〔북북서〕으로 쭉 따라가다 보면 비록 실제의 눈으로는 너무 낮게 보이지만 마음의 눈으로는 높다고 여길 수 있는 첫 번째 산으로 건지산을 만납니다. 그걸 주산으로 삼은 것입니다. 그렇다면 주산에서 우백호가 있어야 하는데, 가련산과 건지산 사이에 작은 하천이 있어서 산줄기가 끊어집니다. 그래서 이곳에 인공적으로 땅을 깊고 넓게 파서 덕진못을 만들고는 건지산과 가련산을 연결시켰습니다.

덕진못은 요즘 말로 하면 물을 가두어두는 저수지인데, 어떻게 건지산과 가련산을 연결시켰을까요? 하천의 이쪽과 저쪽을 연결하는 둑을 만들어야 물을 가두어두는 저수지가 될 수 있습니다. 그 둑을 산줄기로 본 것입니다. 아무리 둑이라고 하더라도 상류에서 공급되는 저수지의 물이 넘치지 않도록 하기 위해서는 수문을 만들어 열어두어야 합니다만 비가 많이 오지 않는 한 수문은 일반적으로 닫아둡니다. 그렇다면 건지산과 가련산 사이는 비가 많이 오는 짧은 시기를 제외하면 닫아 둔 수문과 둑으로 연결되어 있습니다. 그렇게 해서 건지산에서 덕진못의 둑으로 연결된 가련산까지 뻗은 산줄기를 우백호로 삼고, 좌청룡은 건지산에서 성황산까지 이어진 산줄기로 설정했습니다.

마지막으로 안산은 명당수 건너에 있어도 되기 때문에 읍성 남쪽 전주천 너머의 완산(完山)을 안산으로 삼았습니다. 나중에는 읍성을 중심으로 건지산과 대척점에 있는 완산 끄트머리의 곤지산을 안산으로 여깁니다. 이러한 주산〔건지산〕-좌청룡〔성황산〕-우백호〔가련산〕-안산〔완산 또는 곤지산〕의 산과 산줄기가 연결된 실제 모습을 서울의 주산〔북악산〕-좌청룡〔낙산〕-우백호〔인왕산〕-안산〔남산〕의 산과 산줄기와 비교해보면 솔직히 전형성이 너무 떨어집니다. 하지만 그것을 마음의 눈으로 이렇게 저렇게 조정하면 훌륭한 명당의 형국이 될 수 있습니다. 이걸『해동지도』의 전주 지도에 표시하면 그림 33처럼 됩니다.

완벽하지는 않지만, 그럭저럭 풍수의 명당 형국 모양이 나옵니다. 그림식 고을지도니까 이왕이면 더 완벽한 풍수의 명당 형국으로 그렸으면 더 좋았을 텐데 그게 쉽지는 않았던 모양입니다. 그렇다면 1872년의 전주 지도에서는 어떻게 그렸는지 살펴보겠습니다.(그림 34)

산과 산줄기의 전체적인 흐름이『해동지도』의 전주 지도와 비슷하게 보입니다. 차이가 있다면 주산인 건지산과 우백호인 가련산이 산줄기로 바로 연결된 것처럼 그려진 점입니다. 실제로는 저렇지 않았다는 것을 앞에서 이미 설명했습니다. 어쨌든 두 지도를

그림 33 전주의 그림식 고을지도 속 읍성(『해동지도』)

볼 때 전주 사람들이 마음의 눈으로는 완벽한 풍수의 명당 형국을 그려낼 수 있었겠지만 제작자가 그림식 고을지도에까지 완벽하게 그려내지는 못한 것 같습니다.

전주읍성의 주산을 동쪽의 성황산(요즘은 기린봉으로 부름)으로 보는 사람도 있습니다. 풍수의 명당 형국이라는 것이 주관적인 것이기 때문에 그들의 말이 완전히 틀렸다고 단정 지을 수는 없습니다. 하지만 고을의 읍치에서 원래 풍수의 명당 형국은 동헌 방향을 중심으로 설정하는 것을 모르는 사람들이 하는 주장이라는 사실만은 분명히 말씀드리겠습니다. 전주읍성 안의 동헌은 분명히 북북서쪽을 등지고 남남동쪽을 향해 들어서 있었기 때문에 동쪽

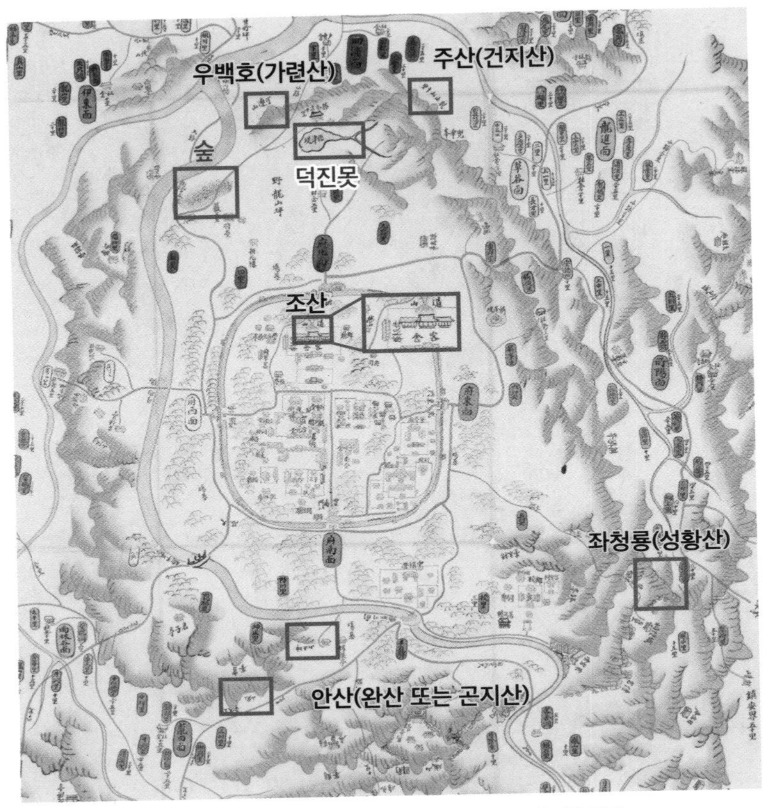

그림 34 전주의 그림식 고을지도 속 읍성(1872년 지방지도)

의 성황산은 풍수의 주산이 될 수 없습니다.

1872년의 전주 지도에는 『해동지도』의 전주 지도에 없던 '숲'과 '조산'이 그려져 있습니다. 먼저 숲부터 살펴보겠습니다. 전주읍성도 전주천가의 허허벌판에 자리 잡은 도시였습니다. 주산이 북북서쪽의 건지산이라는 인식이 정착되었음에도 동쪽의 성황산[기린봉]이라는 주장이 나왔듯이 풍수의 명당 논리는 주관적입니다. 따라서 두 가지 이외에 다른 인식도 있을 수 있는데, 허허벌판에 자리 잡았기 때문에 행주형이라는 인식도 생겼습니다. 그리고 이런 행주형의 명당 형국에서 배가 떠나가면 불길하다는 인식도 나타나서 북서쪽의 전주천가에 인공적인 숲을 조성하고 보호하여 배가 떠나가지 못하도록 한 것입니다.

그런데 언젠가부터 이 숲을 바라보는 다른 인식도 생겼습니다. 이 숲이 배가 떠나가는 것을 방해하니 없애버려야 한다는 주장입니다. 원래 행주형의 형국에서 배가 떠나가면 불길한 것 아닌가요? 하지만 그것 또한 인과관계가 증명될 수 없는 주관적인 믿음이었을 뿐이기 때문에 전혀 다른 주장이 나올 수도 있는 것입니다. 전주에서는 배가 자연스럽게 떠나가서 바다에 이를 수 있어야 전주 고을에 풍요를 가져올 수 있다는 정반대의 주장도 나타났습니다. 그런 인식에서는 배가 떠나가지 못하게 만드는 이 숲 자체가 불길한 것이고, 따라서 당연히 없애야 한다고 주장하게 된 것입니다. 물론 이 또한 인과관계가 증명될 수 없는 주관적인 믿음일 뿐입니다.

그렇다면 이 숲은 어떻게 되었을까요? 계속 유지되었습니다. 이건 행주형의 풍수 형국에서 배가 떠나가면 불길하다는 생각이 다수설이고, 배가 떠나가 바다에 이르러야 고을에 풍요를 가져올 수 있다는 생각이 소수설이었음을 보여주는 것입니다. 이왕 이렇게 되었으니 주산 문제도 정리를 하면, 주산이 북북서쪽의 건지산이라는 생각이 다수설이었고 동쪽의 성황산(기린봉)이라는 생각이 소수설이었다고 보면 될 것 같습니다.

그럼 마지막으로 조산(造山), 즉 인공적으로 만든 산은 어떤 의미였을까요? 전주의 명당 논리에 대해 네 개의 설이 있었다고 이미 설명했습니다. 그렇다면 왜 이렇게 설이 많았던 걸까요? 전주의 읍치가 풍수의 전형적인 명당 형국에서 너무나 먼, 즉 풍수의 명당 형국과는 전혀 관계없는 지형에 자리 잡고 있어서 다양한 주장이 나올 수 있었던 것입니다. 그렇다면 네 개의 설이 아니라 다섯 개의 설도 나올 수 있습니다. 인공적인 조산도 또 하나의 설에 따라 만든 것으로 볼 수 있습니다.

첫째, 건지산을 주산으로 여기더라도 실제로 너무 먼 것이 사실입니다. 그래서 가까이에 주산이 있었으면 하는 바람이 생길 수 있고, 객사 뒤의 저 조산이 그런 바람을 현실적으로 실현한 것으로 볼 수 있습니다. 둘째, 이렇게도 생각할 수 있습니다. 성황산(기린봉)을 주산으로 여겼을 경우 건물의 뒤쪽 방향은 분명히 아닙니다. 그게 늘 찜찜할 수 있습니다. 그래서 성황산(기린봉)에서 뻗어내린 산줄기가 평지를 지나오다 객사 뒤쪽에 솟아났다고 보고 싶은 바람이 생길 수 있고, 객사 뒤의 조산이 그런 바람을 현실적으로 실현한 것으로 볼 수도 있습니다.

풍수의 명당 논리는 인과관계가 증명될 수 없는 주관적인 믿음일 뿐이기 때문에 설이나 주장이 정말 무궁무진하게 만들어질 수 있다는 생각이 듭니다. 심하게 표현하면 진짜 코에 걸면 코걸이 귀에 걸면 귀걸이식입니다. 그런데 읍치의 풍수 형국은 동헌을 중심으로 인식된다고 했는데 동헌이 아니라 객사 뒤에 조산이 만들어진 것은 무슨 까닭일까요?

'코에 걸면 코걸이 귀에 걸면 귀걸이' 이런 표현처럼 풍수에는 생각지도 못한 다양성이 항상 내재해 있습니다. 풍수의 명당 형국을 보는 중심이 서울에서는 임금이 거주하며 나라를 다스리는 궁궐이듯이 읍치에서는 지방관이 주재하며 고을을 다스리는 동헌인 것은 분명합니다. 그런데 가끔은 그렇게 보지 않는 생각도 나타날 수 있습니다. 대표적으로 지방관이 임금을 상징하는 궐패(闕牌) 또는 전패(殿牌)를 모시고 향망궐배(向望闕拜)[3]의 충성 의식을 거행하는 객사로 보는 경우가 가끔 있습니다. 다만 진짜 아주 가끔임을 잊지는 마세요.

3 향망궐배(向望闕拜) : 향궐배(向闕拜)라고도 한다. 궐패(闕牌)는 '궐(闕)' 자를 새긴 나무 패(牌)로, 각 고을의 객사에 두고서 망궐례(望闕禮)를 행한다. 망궐례(望闕禮)는 궁궐을 향해 절을 하는 예식이다.

전라도의 '라(羅)' 자가 유래된 나주(羅州)를 찾아가다

여섯 번째로 전라도의 '라(羅)' 자가 유래된 나주로 가보겠습니다. 이번에는 『해동지도』와 1872년의 나주 지도 두 개를 동시에 살펴보겠습니다. (그림 35, 36)

두 개의 지도 모두 북쪽을 위로 배치했는데 자세함에서 차이가 있지만 산줄기와 물줄기의 흐름에 대한 전체적인 구도는 비슷합니다. 읍성을 중심으로 산줄기와 물줄기가 겹겹이 둘러싼 것처럼 그려졌고, 서쪽을 등지고 동쪽을 향해 들어선 읍치가 주산-좌청룡-우백호-안산의 산과 산줄기로 둘러싸인 풍수의 명당처럼 보입니다. 좀 더 자세히 살펴보기 위해 『해동지도』의 나주 지도부터 읍성 부분을 확대해 살펴보겠습니다. (그림 37)

서북쪽에 우뚝 솟은 주산〔금성산〕이 보이고, 그로부터 우백호〔북〕와 좌청룡〔남〕의 산줄기가 뻗어나가며, 동남쪽에는 봉긋봉긋 안산이 그려져 있습니다. 이 지도만 보면 풍수의 명당 형국을 잘 갖추고 있다는 인식을 지울 수가 없습니다. 그럼 풍수와 관련하여

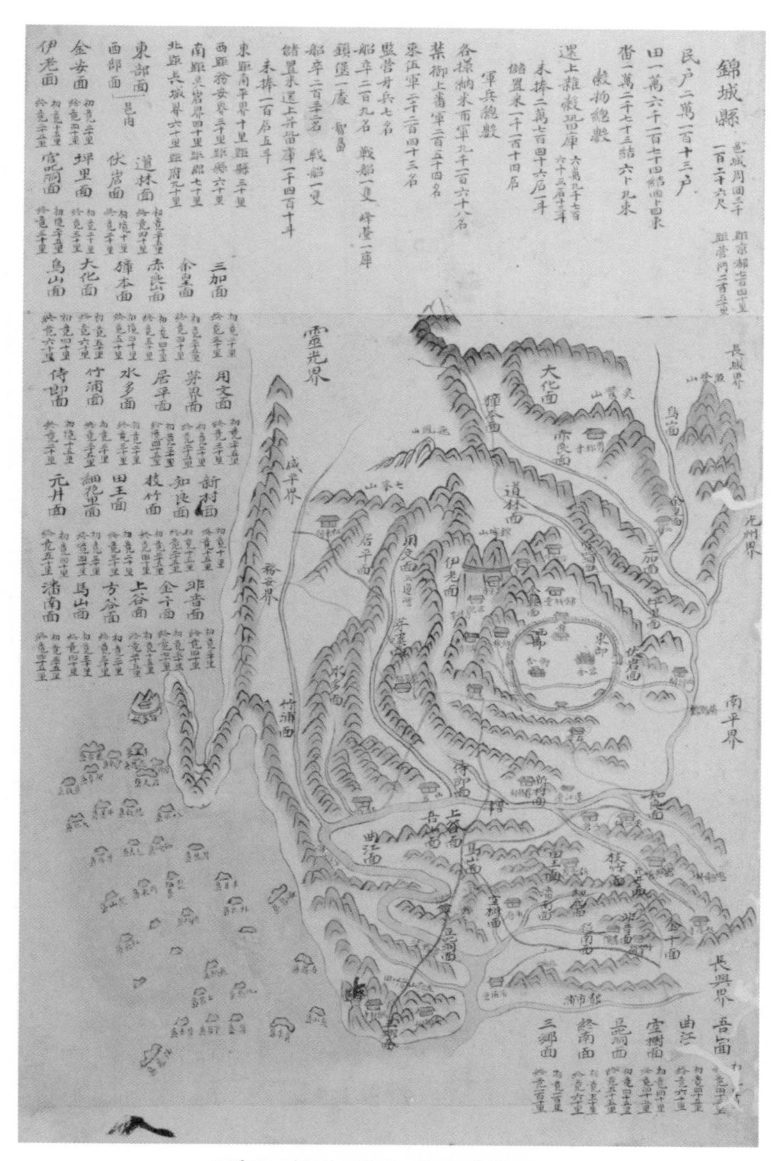

그림 35 나주의 그림식 고을지도(『해동지도』)

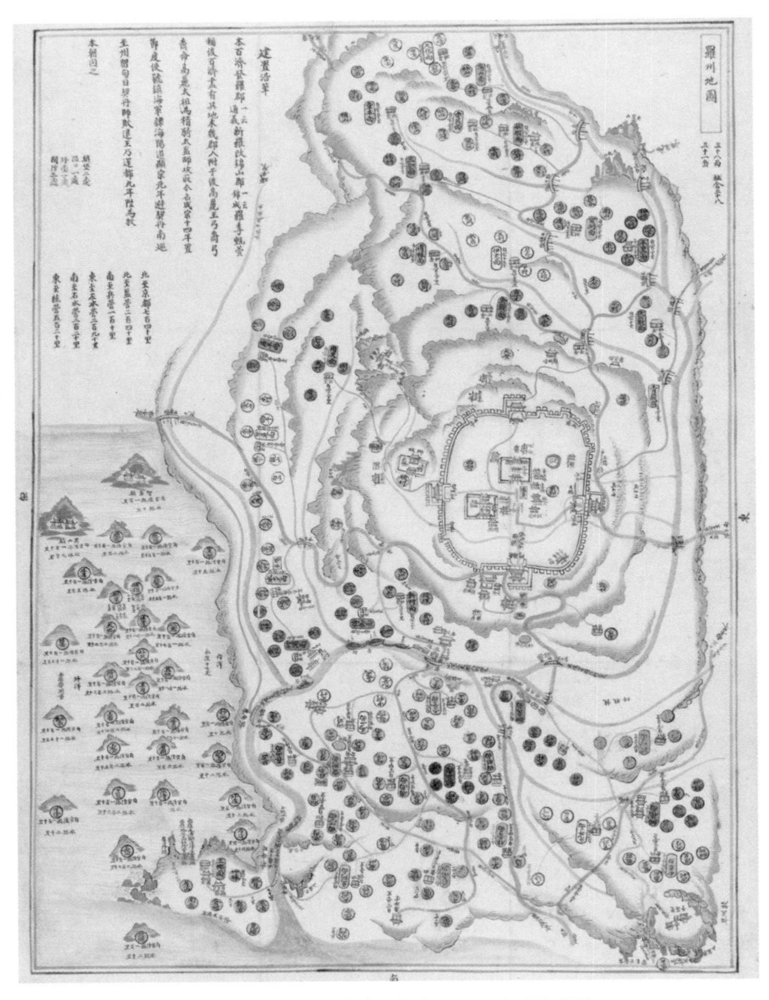

그림 36 나주의 그림식 고을지도(1872년 지방지도)

훨씬 더 풍부한 이야기를 담고 있는, 1872년의 나주 지도에 그려진 읍성과 주변 지역의 상세한 모습을 살펴보겠습니다. (그림 38)

일단 풍수의 관점에서 지도 위에 그려진 산과 산줄기의 흐름으

그림 37 나주의 그림식 고을지도 속 읍치(『해동지도』)

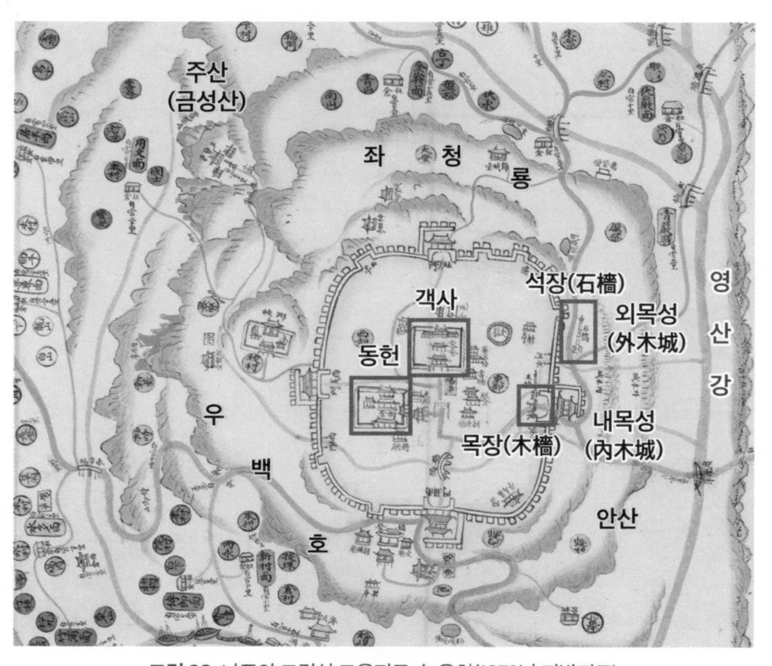

그림 38 나주의 그림식 고을지도 속 읍치(1872년 지방지도)

로만 보면 주산-좌청룡-우백호-안산의 명당 형국이 『해동지도』의 나주 지도를 뛰어넘어 너무나 완벽합니다. 풍수점수로 100점+α를 주어야 합니다. 그렇다면 도대체 실제 모습이 어떻길래 저렇게 완벽한 풍수의 명당 모습을 그려낼 수 있었을까요? 일제강점기 때의 1:5만 지형도에 나타난 나주읍성과 주변 지형 모습을 살펴보겠습니다.(그림 39)

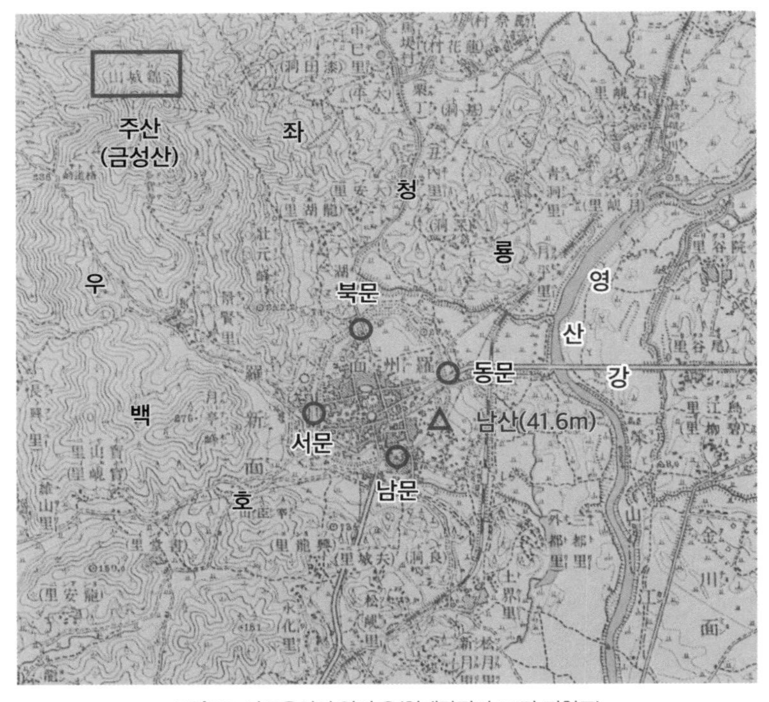

그림 39 나주읍성의 입지 ①(일제강점기 1:5만 지형도)

1:5만 지형도 위의 모습에서도 주산-좌청룡-우백호-안산의 명당 형국이 완벽하진 않아도 상당히 뚜렷합니다. 다만 주산인 금성

산(451.6m)과 좌청룡, 우백호에 비해 안산인 남산(41.6m)이 상대적으로 너무 낮고, 남산의 정상으로는 남문과 동문을 연결하는 성벽이 지나가고 있다는 점이 단점이라면 단점으로 짚을 수 있습니다. 그래도 저 정도면 그림식 고을지도와 1:5만 지형도의 모습이 상당히 닮았다고 볼 수 있지 않을까요? 그동안 했던 다섯 고을에 비하면 정말 훌륭한 명당 형국을 형성하고 있다고 보지 않을 수 없습니다.

그런데 여기서 생각해볼 문제가 있습니다. 먼저 동문 밖의 석장(石檣)과 동문 안의 목장(木檣)입니다. 檣은 '돛대 장' 자이기 때문에 풀어서 쓰면 돌돛대와 나무돛대가 됩니다. 돌돛대와 나무돛대란 말을 들으면 행주형의 풍수 형국에서 나타나는 비보풍수가 떠오르지 않나요? 실제로 옛날 나주 사람들은 나주읍성의 풍수 형국을 행주형으로 봤습니다.

『신증동국여지승람』 나주목의 고적 부분에 저 돌돛대〔石檣〕와 나무돛대〔木檣〕의 이야기가 이렇게 적혀 있습니다.

> (돌돛대가) 동문 밖에 있다. 세상에서 '고을을 처음 세울 때 풍수술사가 이것〔돌돛대〕을 세워 행주(行舟)의 형세를 드러냈다.'라고 전한다. (동)문 안에도 나무돛대〔木檣〕가 있다.

나주읍성을 행주의 형세, 즉 행주형으로 본 것입니다. 그런데 필자는 행주형의 풍수 형국은 읍치가 허허벌판의 평지에 들어선 경우 나타난다고 이미 말했고, 풍수 연구자 대부분도 그렇게 볼 것입니다. 그렇다면 나주읍성이 허허벌판의 평지에 들어선 것은 아닐까 의심해볼 필요가 있습니다. 1:5만 지형도에서 나주읍성 부분을 확대해보면 약간 이해할 수 있는 단서가 나옵니다.(그림 40)

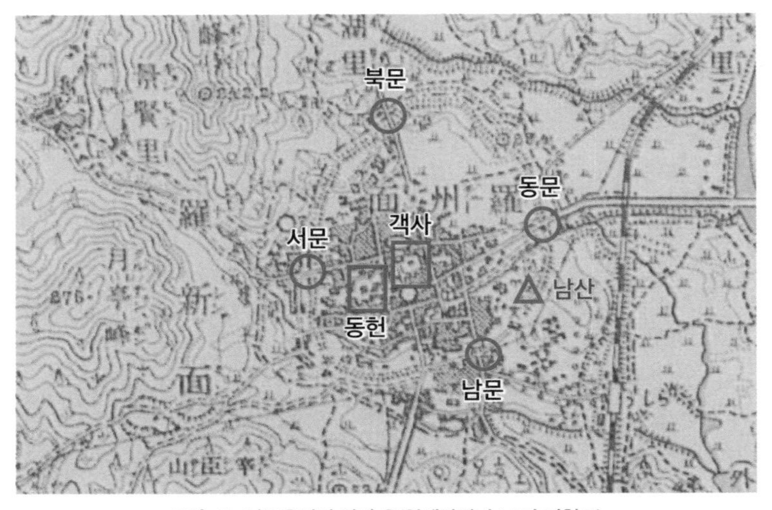

그림 40 나주읍성의 입지 ②(일제강점기 1:5만 지형도)

나주읍성의 성벽이 남산 지역을 제외하면 하천가와 비슷한 높이의 평지에 만들어져 있었습니다. 다시 말해서 나주읍성이 있는 지역이 허허벌판의 평지라고 말하기는 어렵더라도 평지라고 말할 수는 있는 것입니다. 그리고 나주읍성은 축성 연대가 1404년(태종 4)으로, 풍수의 명당 논리가 적용되기 시작한 세종 임금 이전입니다. 그렇다면 나주읍성은 풍수의 명당 논리와 상관없이 터를 잡았다는 의미입니다.

1872년의 나주 지도에는 객사(客舍)와 동헌(東軒)[4]이 그려져 있습니다. 그런데 놀랍게도 객사와 동헌이 주산인 금성산을 등지지 않았습니다. 주산과 읍성을 동시에 담고 있는 1:5만 지형도를 보면 객사와 동헌에서 주산인 금성산은 서북 방향에 있습니다. 그런데 객사와 동헌 둘 다 정북(正北)에 가까운 북북서를 등지고 정남(正南)에 가까운 남남동을 향해 있었습니다. 이것은 객사나 동헌의 방향이 나주의 그림식 고을지도에서 나타나는 주산-좌청룡-우백호-안산이란 명당 형국과 관련 없이 결정된 것을 가리킵니다. 다시 말해서 나주의 읍성은 풍수의 명당 형국과는 관련 없이 터를 잡았다는 의미입니다. 다른 증거로는 이미 살펴본, 읍성 동문 안팎의 돌돛대와 나무돛대 이야기가 있습니다. 읍성의 터를 잡을 때 처음부터 풍수의 명당 논리로 잡았다면 둘 다 나타날 수 없는 현상입니다.

마지막으로 동문 밖의 내목성(內木城)과 외목성(外木城)에 대해

---

4 객사(客舍)와 동헌(東軒) : 객사(客舍)는 '손님의 집'이라는 뜻이다. 지방관을 파견하지 않아 호족이 고을을 스스로 다스리던 고려시대 초기, 중앙에서 파견된 사신(使臣)이 머물며 호족의 고을 통치를 감시하고 점검하던 건물이 바로 객사였다. 그는 중앙에서 파견된 사람이었기 때문에 고을 호족의 입장에서 보면 손님이었고, 그런 손님이 머무는 집이었기 때문에 그 집의 이름을 '손님의 집'이라는 뜻의 객사라고 붙였다. 객사는 중앙의 정청(正廳), 서쪽의 서헌(西軒), 동쪽의 동헌(東軒) 3단 대칭의 구조로 이루어져 있었다. 그리고 우리나라에서는 해가 뜨는 동쪽을 해가 지는 서쪽보다 높게 생각하였기 때문에 중앙에서 파견된 사신은 서헌에서는 숙식을 하고 동헌에서는 호족 통치의 감시와 점검 업무를 보았다. 그러다가 직접 통치를 위한 지방관이 파견되고 그 역할이 강화되면서 지방관이 집무를 보는 건물을 독립시키게 되었다. 그때 독립된 건물의 이름을 중앙에서 파견된 사신이 집무를 보던 객사의 동헌을 따서 '동헌(東軒)'이라 부르게 되었다. 낙안읍성에서 동헌은 동쪽이 아니라 서쪽에 있었는데, 동헌을 낙안읍성 안의 관점에서 '동쪽에 있는 집'으로 해석하면 잘못이다.

설명하겠습니다. 글자 그대로만 해석하면 내목성은 안쪽에 나무로 쌓은 성, 외목성은 바깥쪽에 나무로 쌓은 성입니다. 그런데 둘 다 동문 밖에 인위적으로 조성하여 보호한 대나무숲입니다. 왜 그랬는지는 읍성 주변의 지형을 상세하게 볼 수 있는 일제강점기 1:5만 지형도를 보면 알 수 있습니다.(그림 39, 40) 동문에서 영산강까지의 지역은 산이 거의 없는 평지라서 지기가 빠져나간다고 여겼기 때문에 이를 막기 위해 내목성과 외목성이라는 비보숲을 만든 것입니다.

나주읍성의 이야기가 꽤 복잡했으니까 정리해보겠습니다. 조선 전기까지만 하더라도 나주읍성을 행주형의 풍수 형국으로 보았는데, 조선 후기에 들어서자 동헌과 객사의 방향과 상관없이 주변 지형에 입각하여 풍수의 전형적인 명당 형국으로 보고 싶어 하는 흐름이 나타났습니다. 그런 인식이 1720년 안팎에 편찬된 계통의 『해동지도』와 1872년의 나주 지도에 담겨 있습니다. 하지만 그런 인식에서는 동문에서 영산강까지 평지가 넓게 열린 듯이 펼쳐져 있는 지형이 부족한 점으로 대두되었고, 그곳에 두 개의 대나무숲을 만들어 지기(地氣)가 빠져나가지 않도록 한 것입니다. 우리는 이러한 나주읍성을 통해 풍수의 명당 형국에 대한 인식의 변화가 나타난 또 하나의 사례를 가질 수 있게 된 것입니다.

경상도의 '경(慶)' 자가 유래된 경주(慶州)를 찾아가다

일곱 번째로 경상도의 '경(慶)' 자가 유래된 경주로 가보겠습니다. 원래 경주의 그림식 고을지도가 흥미진진한 창의력을 담아내고 있지 못해서 하지 않으려 했습니다만 경주에 전해지는 비보풍수 이야기가 많기 때문에 이야기의 대상에 넣기로 했습니다. 경주에서는 특별히 일제강점기 1:5만 지형도부터 살펴보겠습니다.(그림 41)

북쪽으로 북천, 서쪽으로 형산강(서천), 남쪽으로 남천에 의해 둘러싸인 평지의 한가운데에 경주읍성이 있습니다. 저런 지형에서 주산-좌청룡-우백호-안산의 산과 산줄기로 둘러싸인 풍수의 전형적인 명당 형국은 죽었다가 깨어나도 절대로 만들 수 없을 것입니다. 아마 세 하천에 의해 저렇게 완벽하게 둘러싸인 평지에 들어선 읍성을 찾는 것도 쉽지 않을 것입니다. 남북한 모두를 합해 전국 거의 모든 고을의 읍치를 살펴보았지만 필자도 아직 본 적이 없습니다. 풍수점수로는 당연히 0점입니다.

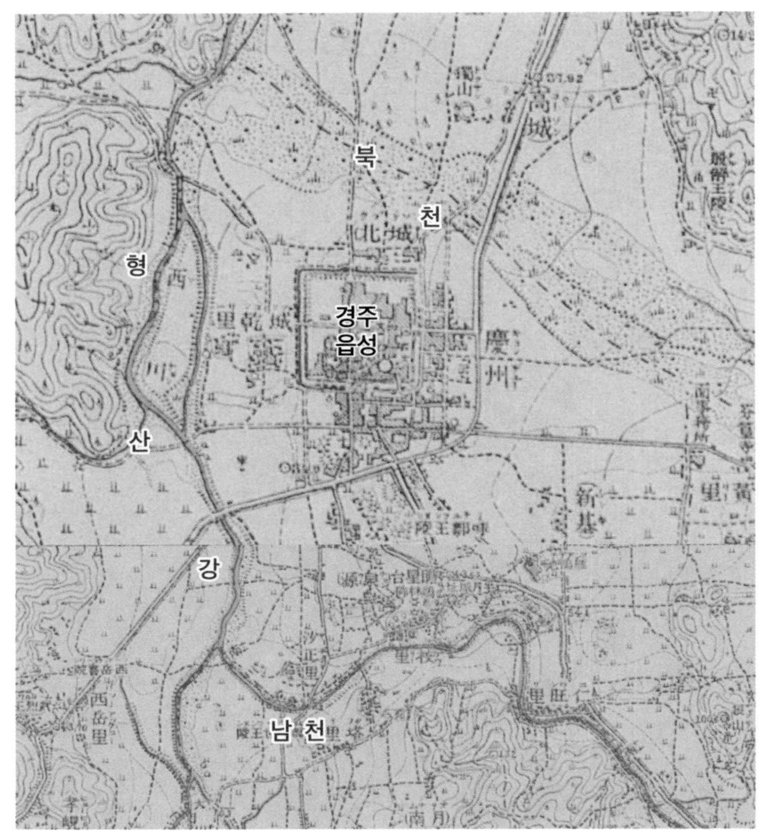

그림 41 경주읍성의 입지(일제강점 1:5만 지형도)

필자의 박사학위 논문이 지금의 경주인 신라 왕경(王京)[5]에 대한 연구였는데, 그때 신라 왕경의 지형을 하나하나 살펴보면서 놀

5 왕경(王京) : 수도를 가리키는 한자의 일반명사로 경(京), 왕경(王京), 왕도(王都), 왕성(王城), 경성(京城) 등 다양한 용어가 사용되었다. 필자의 박사학위 논문의 제목은 "신라 왕경의 범위와 구역에 대한 지리적 연구"(2002)이고, 인용문을 제외한 모든 내용을 다시 써서 『고대도시 경주의 탄생』(2007, 푸른역사)으로 출판하였다.

랐던 기억이 지금도 생생합니다. 그 놀라움에 대한 해명 과정이 박사학위 논문의 작성 과정이었고, 그것을 책으로 완전히 다시 써서 출간한 것이 『고대도시 경주의 탄생』(2007)이었습니다. 지형에 대한 놀라움으로부터 신라 왕경의 형성과 번영 과정을 쓴 사람은 아마 필자밖에 없을 것입니다.

어쨌든 저런 지형에 들어선 풍수점수 0점의 읍성이라고 하더라도 조선 후기가 되면 어떻게든 풍수의 명당으로 만들고 싶어 했습니다. 하지만 아쉽게도 그림식 고을지도에까지 반영하지는 못한 것 같습니다. 1872년의 경주 지도가 아직 발견되지 않아서 『해동지도』의 경주 지도만 살펴보겠습니다.(그림 42)

경주읍성 주변만 보면 주산-좌청룡-우백호-안산이라는 풍수의 전형적인 명당 형국을 그려내지 못했습니다. 어떻게 보면 실제 지형과 상당히 비슷하게 그린 느낌입니다. 다만 고을 전체적으로 딱 하나의 요소만 제거하면 전형적인 풍수의 명당 형국에 가깝게 그렸습니다. 바로 하천을 모두 생략해버리면 읍성을 중심으로 저 멀리 북쪽의 주산, 동쪽의 좌청룡, 서쪽의 우백호, 남쪽의 안산이 그럴듯하게 설정될 수 있습니다. 이렇듯 고을 전체의 산줄기 흐름에 대한 묘사에만 초점을 맞추면 저 지도를 그린 제작자도 하천을 모두 없애버리고 싶었을 것입니다. 하지만 중앙에서 내린 '중요한 하천은 모두 그려라.'는 원칙 때문에 차마 그렇게 하지 못한 것이 아닌가 합니다.

비록 그림식 고을지도에는 담아내지 못했지만 조선 후기의 경주 사람들도 자신들이 살고 있던 경주읍성을 풍수의 명당 논리로

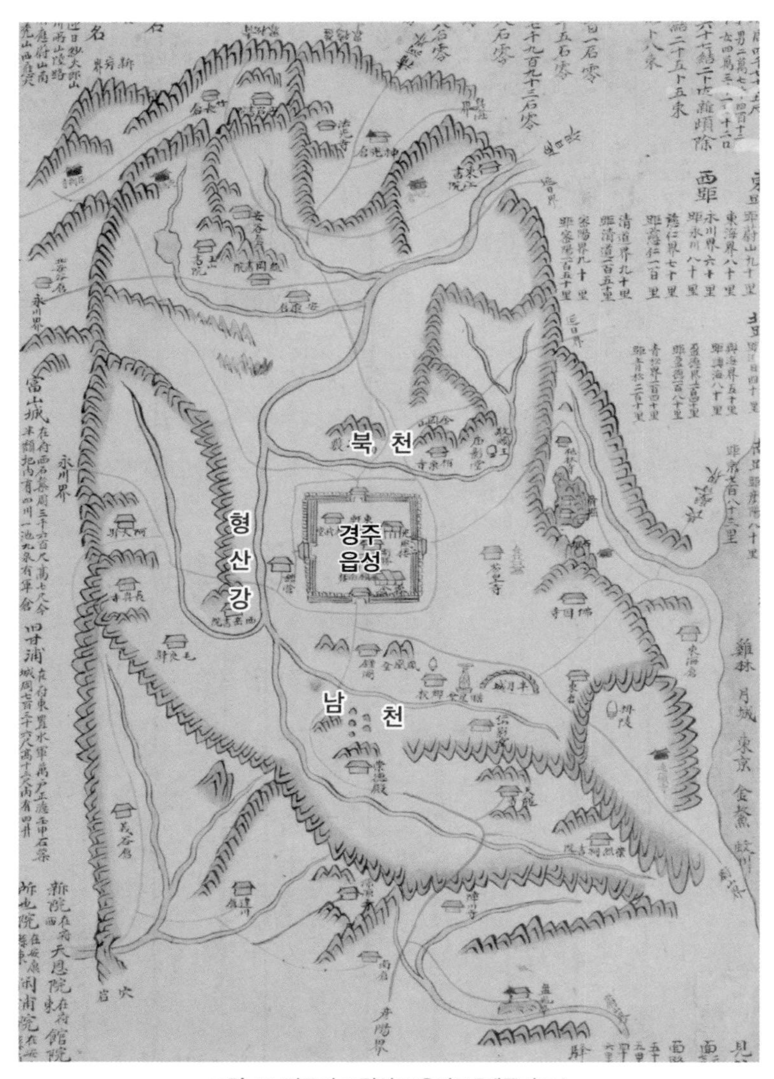

그림 42 경주의 그림식 고을지도(『해동지도』)

그림 43 경주읍성과 풍수 관련 지명(네이버 지도)

재구성한 비보풍수 이야기를 가지고 있지 않았을까요? 아주 많이 가지고 있었습니다. 그런 이야기에 나오는 비보풍수 관련 정보를 현대의 지도 위에 표시해보았습니다.(그림 43)

경주 시내의 북쪽에는 북천, 남쪽에는 남천이 있기 때문에 그 사이에는 눈으로는 잘 구분되지 않지만 북천 유역과 남천 유역을 가르는 분수계(分水界)[6]가 있습니다. 그 분수계의 선은 명활산에서 낭산을 거쳐 분황사와 황룡사터 사이를 지나 읍성에 이릅니

6 분수계(分水界) : 두 개의 하천 유역이 붙어 있을 때 하늘에서 내린 빗물이 나누어져 두 하천으로 흘러가는 경계선을 가리킨다. 보통은 산줄기가 분수계 역할을 하며, 산줄기로 분명하게 구분되지 않아도 하늘에서 내린 빗물의 방향이 나누어지면 그곳도 분수계에 해당된다.

다. 이 중에서 가장 중요한 부분이 명활산에서 낭산까지 분수계가 이어지던 한지원이라는 들판입니다. 경주의 지리지인 『동경잡기』에는 '1522년에 백성들이 한지원을 개간하여 농토로 삼은 이야기', '1623년에 사리역의 역졸들이 자신들의 마위전(馬位田)[7]을 한지원 백성들의 토지와 바꾼 후 이사 와서 살았던 이야기'가 나옵니다. 그러다가 1669년에는 사리역의 역졸들이 한지원에 옮겨와 사는 것이 명활산으로부터 낭산으로 이어진 내맥(來脈)[8]을 상하게 하기 때문에 모두 철거해야 한다는 소송이 경상감사에게 올라왔다고 기록되어 있습니다.

그렇다면 1522년과 1623년에는 명활산과 낭산 사이의 내맥에 대한 인식이 없거나 약했다가 1663년경에야 강해졌다는 의미입니다. 여기서 내맥은 명활산에서 낭산을 거쳐 읍성까지 지기가 흐른다는 인식을 전제한 것이기 때문에 그 전에는 인식하지 않던 풍수의 명당 논리를 1663년경부터는 확실히 인식하기 시작했다는 의미입니다. 이에 호응이라도 하듯이 『동경잡기』에는 읍성 가운데의 부윤 아사(府尹衙舍), 즉 경주대도호부의 지방관인 부윤이 주재하며 업무를 보던 동헌의 북쪽에 비보숲[裨補藪]이 있다는 내용도 기록해놓았습니다. 명활산에서 시작된 지기가 한지원-낭산을 거쳐 분황사와 황룡사터 사이를 지나 동헌 북쪽의 비보숲, 즉 풍수의 주

---

7 마위전(馬位田) : 고려와 조선에서 역마(驛馬)를 공급하기 위해 역의 행정실무자[驛吏]나 역의 노비[驛奴], 역마를 길러 바치던 일반 백성에게 지급한 토지를 가리킨다.

8 내맥(來脈) : 조종산에서 주산까지, 주산에서 명당까지 이어져 내려온[來] 산줄기[脈]를 의미한다.

산에까지 이른다고 본 것입니다.

경주읍성이 허허벌판에 있었기 때문에 동헌 뒤쪽으로 자연지형의 주산을 설정할 수 없습니다. 그러니 인공적인 비보숲을 조성해서라도 주산을 만들고자 한 것입니다. 하지만 좌청룡과 우백호, 안산까지 만들지는 못했습니다. 허허벌판의 경주 읍성에서 주산을 만드는 것도 매우 어려운 일인데, 거기에 좌청룡과 우백호, 안산까지 만들었다면 완벽한 비보풍수가 되었을 것이지만 그렇게까지는 불가능했던 것입니다. 이 정도만 해도 풍수의 명당이 되고 싶은 경주 사람들의 간절한 소망을 충분히 느낄 수 있습니다.

『동경잡기』에는 경주부윤 권이진(權以鎭, 1668~1734)이 쓴 「동경잡기간오(東京雜記刊誤)」가 실려 있습니다. 여기에 경주의 명당 형국에 대한 이야기가 나옵니다.

> 봉황대 근처에 조산(造山)이 거의 30여 개인데, 언제 만든 것인지 알지 못하겠다. 고려 때 최충헌(崔忠獻, 1149~1219)은 나라 안의 산천을 등지면서 달려가는 (반역의) 형세가 많다는 풍수전문가〔術人〕의 말을 듣고 비보도감(裨補都監)을 설치하여 12년 만에 곳곳에 모두 산을 만들고 돈대를 쌓아 그것〔반역의 형세〕을 이겨내려 했다. 경주〔東都〕는 옛 나라의 터전으로서 자주 반역했기 때문에 더욱 관심을 기울였으니 이때 만든 것이 아닌가 생각된다. 혹은 신라 때 만들어 지리를 비보했는지도 모르는데, (어느 것이 맞는지) 모두 알지 못하겠다.

지금 경주 시내에는 대릉원의 황남대총과 그 북쪽의 봉황대총 등 신라 때의 거대한 무덤들이 즐비합니다. 권이진은 이러한 무덤들을 인위적으로 만든 조산으로 인식한 것이고, 고려의 최충헌 때나 신라 때 비보풍수의 하나로 만들어졌을 가능성이 있다고 추정한 것입니다. 물론 지금 여러분들은 다 알고 있습니다. 조산이 아니라 신라의 거대한 무덤들이기 때문에 권이진의 판단이나 추정은 모두 틀렸습니다. 권이진은 풍수의 명당 논리가 조선에 들어와서나 읍치의 권위와 위엄 표현의 기준이 되었다는 것, 그것도 조선 전기보다는 조선 후기에 유행했다는 사실을 전혀 몰랐습니다. 풍수의 관점에서 신라의 무덤들을 인공적인 조산으로 인식한 것은 잘해야 1600년대에 들어선 이후였을 것입니다.

이만부(李萬敷, 1664~1732)가 경주를 여행하고 쓴 「동도잡록(東都雜錄)」에는 권이진 같은 사람의 풍수 인식을 이렇게 비판하고 있습니다.

경주읍성의 남문 밖에는 흙 둔덕이 수십여 개 있다. 어떤 이가 말하기를 경주〔月城〕의 형세가 봉황이 날아가는 비봉형(飛鳳形)이기 때문에 이것〔흙 둔덕〕을 만들어 봉황의 알을 상징하게 하여 지기(地氣)를 누르기 위한 것이 아닌가 한다. 하지만 이것은 아닌 듯하다. 신라왕릉은 기록된 것이 모두 평야에 있고, 또한 심지어 바다에 장사지낸 것도 있으니 풍수지리설이 아직 동방에서 시행되지 않았음을 알 수 있는데, 어찌 지기를 누르기 위한 일이 있었겠는가. 하물며 죽엽릉(竹葉陵, 미추왕릉)이라고 하는 것도 그 사이에 섞여 있고 여타

흙 둔덕도 다를 바 없을 것이니 이것은 분명 왕과 왕비가 묻혀있는 곳이다.

이만부는 신라 왕릉의 조성 경향을 살펴보면서 경주읍성 남문 밖의 흙 둔덕이 풍수의 비보를 위해 인위적으로 만든 것이 아니라고 보고 신라의 왕과 왕비의 무덤일 것으로 추정했습니다. 물론 경주 시내의 수많은 무덤들이 모두 신라의 왕과 왕비의 무덤은 아니었기 때문에 그 점은 틀렸습니다. 하지만 신라 때의 무덤일 것이라는 그의 추정은 맞았습니다. 그런데 여기서 중요한 것은 그의 추정이 맞고 안 맞고를 떠나, 경주 사람들이 풍수지리의 관점에서 경주 시내를 봉황이 날아가는 비봉형으로 보고는 봉황의 알이 많기 때문에 어미 봉황새가 절대 떠나갈 수 없어 살기에 아주 좋은 땅이라고 생각했다는 점입니다. 물론 이런 인식 또한 1600년대 이후에 생겼을 것입니다.

조선 후기의 경주 사람들이 경주 시내의 대릉원 등에 즐비한 신라 무덤들을 무덤이 아니라 비보풍수의 조산으로 봤다는 것, 그리고 신라나 고려 때부터 그런 비보풍수가 시작되었다고 잘못 알고 있었다는 것, 이만부가 그 잘못을 지적하고 있다는 것은 모두 흥미롭습니다. 이런 경주의 기록을 통해 풍수 인식에 대한 다양한 주관적 견해들을 또 확인할 수 있었습니다.

옛날뿐만 아니라 요즘에도 경주의 풍수 이야기는 계속 만들어지고 있습니다. 인터넷에서 검색되는 신문이나 여행기 곳곳에서 경주와 관련하여 이런 비보풍수 이야기가 발견됩니다.

통일신라의 국운이 기울어가던 후삼국시대, 임금과 고위직 대신들은 사리사욕을 채우려는 자리다툼을 일삼으며 백성을 돌보는 데 소홀했는데 인근 국가들이 이를 가만히 두고 볼 리가 없었습니다. 궁예의 뒤를 이어 권력을 장악한 고려의 왕건은 당시의 사람들이 풍수지리설을 신봉한다는 사실에 착안하여 비밀스럽게 풍수학자 한 명을 신라에 보냈습니다. 스파이 역할을 맡은 이 풍수학자는 신라의 임금을 찾아가 '신라의 수도는 봉황의 보금자리처럼 생겼으므로, 왕조의 번성이 지속되려면 봉황이 떠날 수 없게 그 안에 알을 만들어야 한다.'고 설득했습니다.

이 말에 혹한 임금은 백성을 동원하여 둥글게 흙을 쌓아 수많은 알의 형상을 경주에 만들었습니다. 그러나 풍수학자의 말은 거짓이었습니다. 실상 경주는 봉황의 보금자리가 아닌 배 형상을 하고 있었고, 봉황 알 모습의 거대한 흙더미는 파도에 휘청거리는 배에 과도한 짐을 싣는 꼴이 돼버렸습니다. 왕건이 보낸 풍수학자는 알의 형상이 가장 많은 미추왕릉 곁 밤나무숲에 깊은 우물을 파고 고려로 달아나버렸습니다. 침몰하는 배에 구멍을 뚫어버린 것입니다. 이후 신라는 급속히 파멸의 길을 걸었다는 것이 이 전설의 요약된 핵심입니다.

이때부터 경주 사람들은 거대한 봉분의 형상을 봉황대라 칭했다고 합니다. 원래 경주 시내를 비봉형으로 인식한 것은 경주읍성이 풍수의 명당 논리와는 전혀 관련 없이 만들어졌음에도 풍수지리의 관점에서 좋은 땅이라고 보고 싶어 했기 때문입니다. 그런데 이 이야기에서는 실제로는 행주형인데 비봉형으로 속여서 신라가

멸망하게 되었다는 이야기로 둔갑시켰습니다. 배의 형상을 한 행주형의 풍수 형국 이야기는 허허벌판의 평지에 만들어진 읍성이나 고을의 중심지에서 일반적으로 나타났다고 이미 여러 번 말했습니다.

비보풍수 관련 이야기는 경주에서처럼 지금도 계속 만들어지고 있습니다. 나는 우리 국토 곳곳에서 반전이 있는 재미있는 역사 이야기가 지속적으로 풍부하게 생산되면 생산될수록 좋은 것으로 생각합니다. 다양한 문화 콘텐츠로 되살아나 우리를 즐겁게 만들고 우리나라 문화산업의 경쟁력을 높여줄 수 있다고 보기 때문입니다. 다만 역사를 왜곡하지 않도록 사실인 것과 사실이 아닌 것만큼은 분명하게 구분해주어야 할 것입니다.

강원도의 '강(江)' 자가 유래된 강릉(江陵)를 찾아가다

여덟 번째로 강원도의 '강(江)' 자가 유래된 강릉으로 가보겠습니다. 원래 강릉의 그림식 고을지도도 흥미진진한 창의력을 담아내고 있지 못해서 경주처럼 하지 않으려 했습니다. 하지만 충청도, 전라도, 경상도, 강원도 이름의 유래가 된 여덟 고을 중 강릉만 빼놓으면 섭섭할 것 같아서 강릉에 대해서도 간단하게나마 해주기로 했습니다. 강릉의 일제강점기 1:5만 지형도부터 살펴보겠습니다.(그림 44)

강릉읍치는 서쪽에 낮은 산지가 있는 평지에 들어서 있었습니다. 만약 동헌이 서쪽을 등지고 동쪽을 향해 있었으면 주산(서)과 좌청룡(북)은 어느 정도 설정이 가능합니다. 하지만 동헌은 서북을 등지고 동남을 향해 있었습니다.(그림 45, 46) 참고로 동헌 바로 뒤쪽(북)에 있는 강릉 객사도 북북서-남남동의 방향을 취했습니다. 따라서 강릉의 풍수점수도 0점입니다. 강릉의 동헌과 객사 모두 복원되어 있으니 가보는 것도 권합니다. 고려 말에 조성된 강

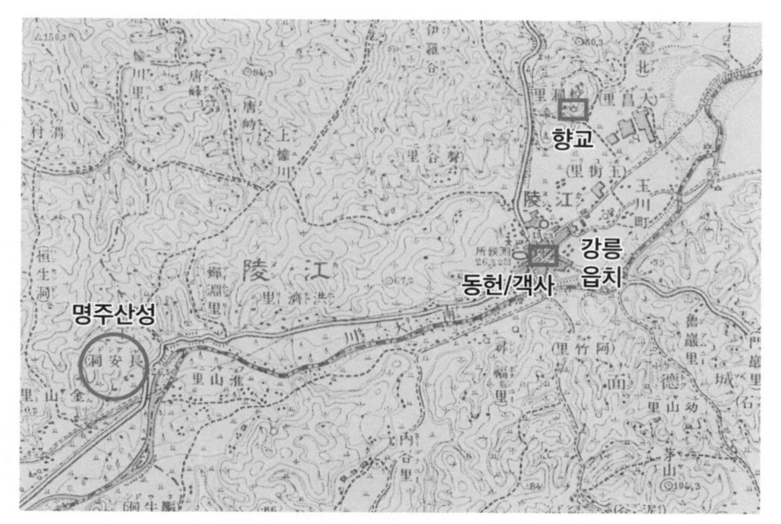

그림 44 강릉읍치의 입지(일제강점기 1:5만 지형도)

그림 45 강릉의 객사와 동헌(네이버 지도) 그림 46 강릉객사(국가문화유산포털)

릉 객사문은 국보로 지정되어 있습니다.

그럼 풍수점수 0점의 강릉읍치가 『해동지도』와 1872년의 강릉 지도에는 어떻게 그려졌는지 살펴보겠습니다.(그림 47, 48)

그림 47 강릉의 그림식 고을지도 속 읍치(『해동지도』)

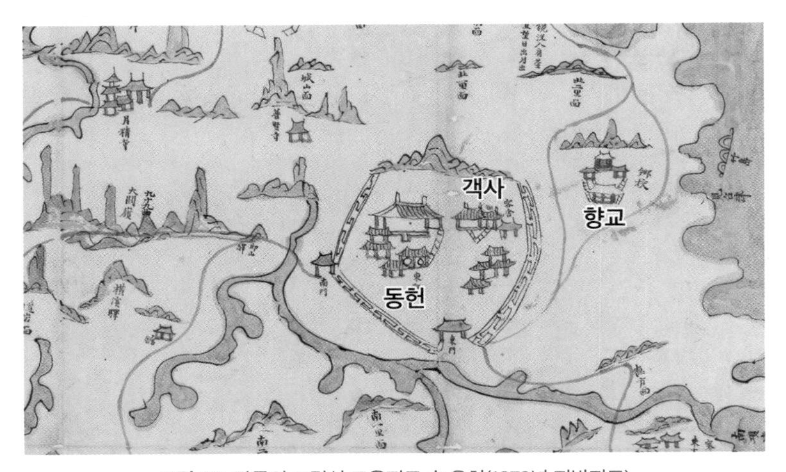

그림 48 강릉의 그림식 고을지도 속 읍치(1872년 지방지도)

위쪽의 지도는 멀리 있는 북쪽의 산을 어떻게든 읍치 가까이 끌어와 주산–좌청룡–우백호가 형성되어 있는 것처럼 그렸고, 아래쪽의 지도는 동헌과 객사가 마치 서쪽의 봉우리를 등지고 있는 것처럼 그려서 주산을 설정할 수 있게 했습니다. 풍수점수 0점의 강릉읍치를 어떻게든 더 높은 풍수점수의 읍치로 만들고자 했던 인식의 단면을 볼 수 있습니다. 다만 아쉽게도 강릉읍치의 비보풍수 이야기는 더 이상 찾지 못했습니다. 그래서 강릉 이야기는 이 정도로 끝낼 수밖에 없습니다.

지금까지 이야기를 간단하게 정리하면, 조선 후기는 풍수가 모든 터잡기에서 권위와 위엄을 표현하는 절대적인 기준으로 작용하던 시대였는데, 놀랍게도 도(道) 이름의 기원이 된 크고 중요한 고을인 상주, 충주, 청주, 원주, 전주, 나주, 경주, 강릉은 풍수점수가 0점이었습니다. 그럼에도 불구하고 그림식 고을지도의 제작자들은 풍수점수 100점 또는 그에 가까운 점수의 명당 형국을 그려서 '우리 고을 명당이라오!' 이렇게 외치고 싶어 했습니다. 이 여덟 개의 고을 이외에도 풍수점수 0점의 고을은 많은데, 독자들 스스로 찾아보는 재미를 위해 미리 알려드리지는 않으려고 합니다.

3부

우연히 풍수점수 25~75점이 되다

포천, 파주, 부평, 김화, 평창, 청양, 음성, 금구, 장성,
개령, 진주를 중심으로

풍수점수 25~75점의 고을이 가장 흔했다

3부에서는 풍수점수 25점, 50점, 75점의 고을들 이야기를 하려고 합니다. 풍수점수 25점은 주산만 있는 경우, 50점은 주산-좌청룡, 주산-우백호, 주산-안산만 있은 경우, 75점은 주산-좌청룡-우백호만 있는 경우를 가리킵니다. 그런데 여기서 25점과 50점, 75점이 각각 다른데 함께 묶어서 살펴보는 것은 문제가 있지 않을까요? 이런 의문을 표하는 분이 있을 것입니다. 차이는 있습니다. 하지만 이런 점수들이 의도적이 아니라 우연히 형성되었다는 점에서는 공통점을 갖고 있습니다.

우리나라 고을의 고대 읍치는 통치자들이 산성이나 절벽 지형의 요새성에 살고 그 아래쪽에 일반 주거지가 있는 형태였다가 고려시대의 어느 시기부터 중앙정부에 의해 산성이나 절벽 지형의 요새성이 부정되었다고 앞에서 설명했습니다. 그리고 일부는 2부에서 살펴본 것처럼 허허벌판의 평지로 옮겨갔고, 대다수는 통치의 주요 기능까지 산성이나 절벽 지형의 요새성 아래에 있던 일반 주거지로 내려왔다고도 설명했습니다. 25점에서 75점까지 고을들이 바로 후자의 경우입니다.

원래 산성이나 요새성의 터를 잡을 때는 풍수의 명당 논리가 전혀 적용되지 않았습니다. 고을 대부분의 지역, 그것도 어려우면 주요 지역이 한눈에 조망되면서 일상적으로 오르내리기에 높지 않고 중소 규모의 단기전에 강한 방어력을 발휘할 수 있는 산성이나 요새성을 지을 수 있는 곳에 터를 잡았습니다. 그러다가 그 아래로 내려온 것인데, 풍수가 문화 유전자로 잡은 조선 후기에는 모두 풍수의 명당 논리로 포장하여 이해하고 싶어 했습니다.

풍수점수 25점의 경우는 주로 산성이 있던 산을 주산으로 삼을 수 있을 뿐이고 나머지 좌청룡과 우백호, 안산의 산과 산줄기는 없던 고을들입니다. 50점의 경우는 산성이 있던 산을 주산으로 삼으면서 주변에 좌청룡이나 우백호, 안산 중 하나만 설정할 수 있던 고을들입니다. 75점의 경우는 산성이 있던 산을 주산으로 삼으면서 주변에 좌청룡과 우백호를 설정할 수 있는 고을들입니다.

조선 후기의 335개 고을 중 이런 유형이 가장 흔했습니다. 모두 풍수의 명당 논리에 따라 의도적이 아니라 우연히 만들어진 공통점이 있는 것이고, 풍수의 명당 논리에 의하면 부족한 점이 많든 적든 있는 것이기 때문에 어떻게든 풍수점수 100점을 만들기 위해 노력했습니다.

3부에서는 도별로 골고루 11개의 사례를 선택하여 살펴보려고 합니다. 다만 풍수점수 0점인 고을들에 비해 풍수의 몇 가지 요소는 갖추고 있는 것이기 때문에 비보풍수의 이야기가 상대적으로 적어서 흥미가 떨어질 수 있습니다. 하지만 다 읽고 나면 우리나라의 역사 도시에 대해 기존에는 생각하지도 못했던 새로운 눈을 가질 수 있게 될 것입니다.

포천, 풍수점수 25점을 100점으로 끌어올리다

첫 번째로 경기도의 포천으로 가보겠습니다. 『해동지도』의 포천 지도를 살펴보겠습니다.(그림 49, 50)

그림 49가 고을 전체이고, 그림 50이 읍치 부분을 크게 확대한 것입니다. 읍치 주변의 산과 산줄기 위에 주산-좌청룡-우백호-안산의 글씨를 일부러 써놓지 않았습니다. 누가 봐도 포천읍치의 주산-좌청룡-우백호-안산의 명당 형국이 너무나 분명하게 그려져 있기 때문입니다. 고대 산성인 견성(堅城)이 있는 반월산을 읍치 뒤쪽의 주산으로 삼아 좌우로 좌청룡과 우백호의 산줄기가 읍치를 감싸며 뻗어나가고, 남쪽에는 좌청룡의 산줄기와 연결된 안산이 솟아 있습니다. 읍치뿐만 아니라 고을 전체적으로도 산과 산줄기가 읍치를 겹겹이 감싸고 있으니 이보다 더 천하의 명당이 있을까요? 그렇다면 실제의 모습은 어땠을까요?

여기서 실제 모습을 보기 전에 그림 50의 자세한 읍치 모습에서 그동안의 사례에서 잘 보지 못했던 정보 하나를 설명해야 할 것 같

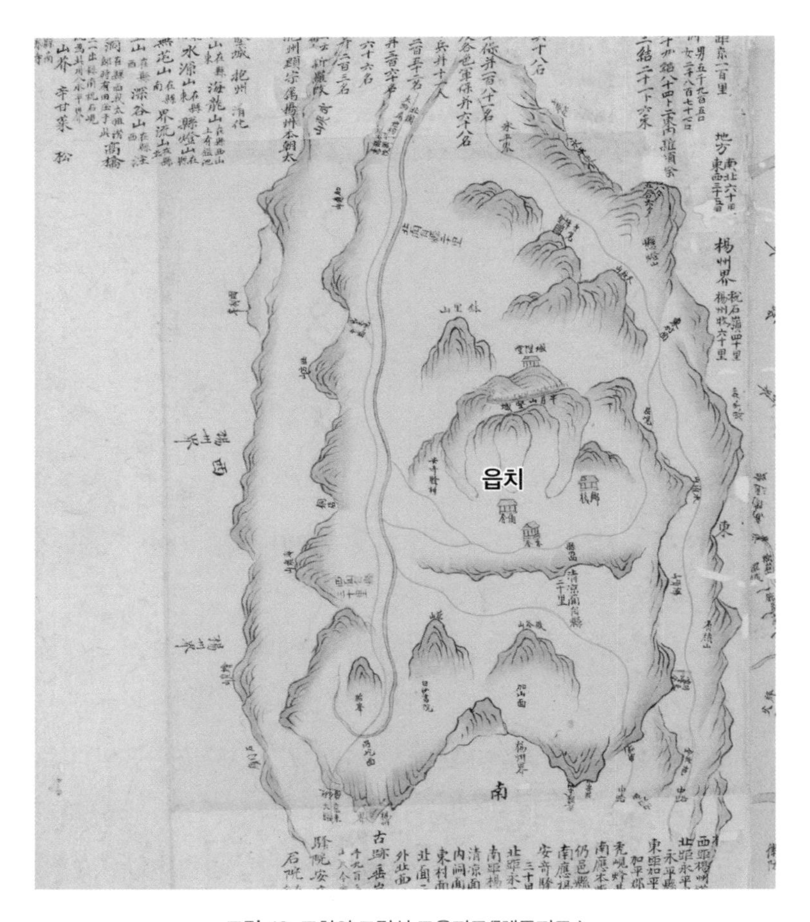

그림 49 포천의 그림식 고을지도(『해동지도』)

습니다. 읍치 뒤쪽에 우뚝 솟은 반월산견성(半月山堅城)의 글씨와 산성의 모습이 인상적으로 다가오지 않나요? 마치 산 위에 궁궐이나 영주(領主)의 성이 우뚝한 유럽의 풍경화를 보는 것 같습니다. 우리나라 고대의 읍치 대부분이 바로 저런 모습이었습니다. 우뚝

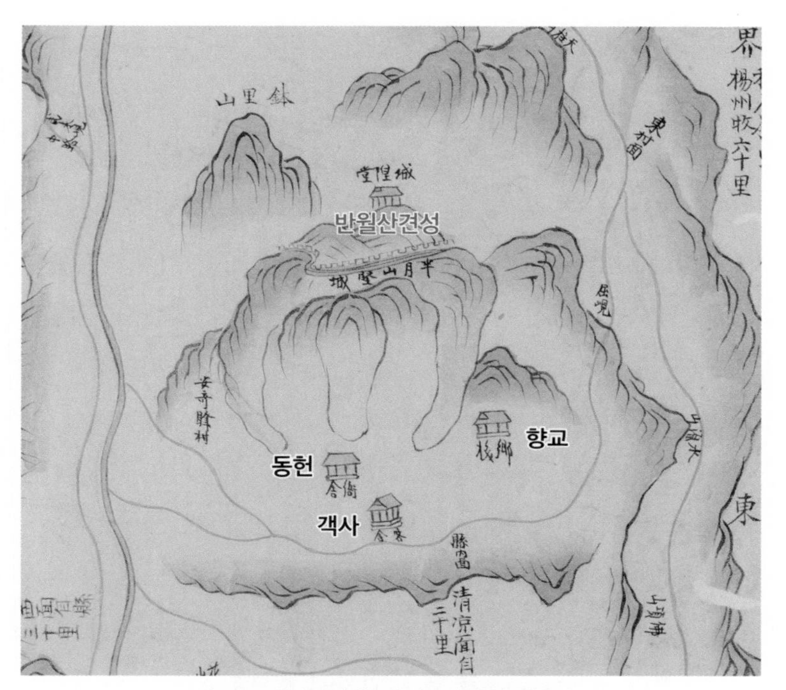

그림 50 포천의 그림식 고을지도 속 읍치(『해동지도』)

솟은 산성 위에 읍치의 핵심 관아 시설이 있고, 그 아래쪽에 일반 주거지가 있는 형태입니다.

반월산견성에서 '견성(堅城)'이 왜 붙었는지 살펴보겠습니다. 『세종실록지리지』에는 포천의 연혁이 다음과 같이 적혀 있습니다.

포천현은 원래 고구려의 마홀군(馬忽郡)이었는데, 신라가 (759년에) 고쳐서 견성군(堅城郡)이라 하였고, 고려에서 (다시) 고쳐서 포주(抱州)로 삼았다 …… (중략) …… 태종 13년(1413) (정부의) 방침에 따라서 (포천현으로 고치고 지방관을) 현감으로 하였다.

고구려의 마홀군(馬忽郡)은 당시의 사람들이 부르던 고을 이름을 한자의 소리를 빌려, 신라의 견성군(堅城郡)은 한자의 뜻을 발려 표기한 것입니다. 고구려 말에서 성(城)을 홀(忽)이라고 불렀다는 것은 잘 알려져 있습니다. 이쯤 되면 반월산견성에서 '견성'이 왜 붙은 것인지 알 수 있지 않나요? 고대에는 고을의 이름이 곧 읍치가 있는 성곽의 이름이었습니다. 견성군은 '견성에 읍치를 두고 있는 고을'이라는 의미로 부른 것입니다. 여기서 하나 덧붙이면 고대에는 고을이 있던 성곽의 이름을 '○○산성'이 아니라 '○○성'으로 부르고 표기하는 것이 일반적이었습니다. 후대에 평지나 평산지에 있던 읍성과 구분하기 위해 '○○산성'으로 바꾸어 부른 것입니다. 지금은 반월산의 이름을 따서 반월산성이라고 부르는데, 이 지도에 표기된 것처럼 견성이라고 부르는 것이 포천의 역사를 부각시키고 이해하는 데 더 좋을 것입니다.

그렇다면 이제부터 이런 역사를 갖고 있던 포천의 조선시대 읍치가 실제로 어떤 지형을 하고 있었는지 일제강점기 1:5만 지형도를 통해 살펴보겠습니다.(그림 51)

고대 산성인 견성이 잘 그려져 있고, 그 바로 아래의 평지에 조선시대의 읍치가 있습니다. 일제강점기까지만 해도 산성의 성벽터가 잘 남아 있었고, 그때는 우리나라의 산이 모두 민둥산이었기 때문에 먼발치에서도 견성이 잘 보였을 것입니다. 어쨌든 견성과 그 아래의 읍치 모습만 보면 일제강점기 1:5만 지형도와 『해동지

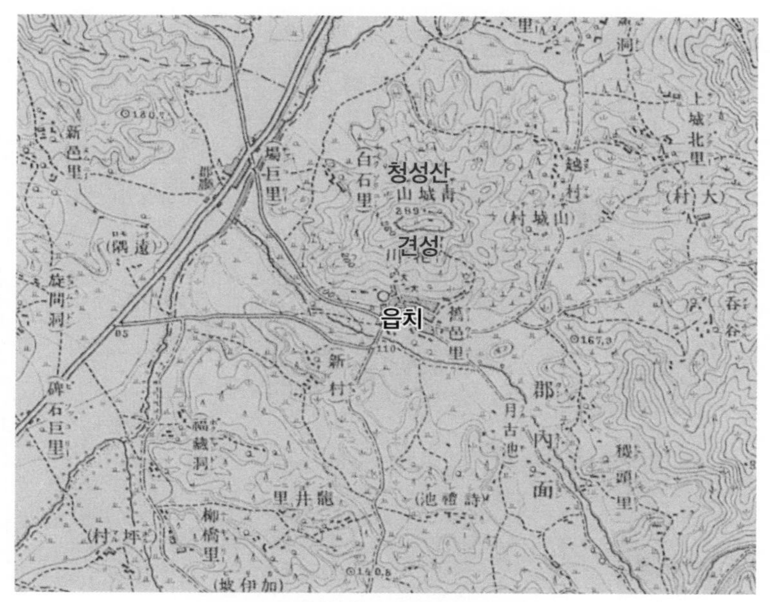

그림 51 포천읍치의 입지(일제강점기 1:5만 지형도)

도』의 포천 지도 사이에 별 차이가 없어 보입니다. 그렇다면 포천 읍치의 풍수점수는 몇 점을 주어야 할까요?

견성이 있는 반월산, 지형도에서는 한자 표기가 바뀐 청성산(靑城山)을 주산으로 설정할 수 있는 것은 너무나 명확합니다. 그리고 청성산에서 남쪽을 바라봤을 때 동쪽으로는 산줄기가 잘 발달되어 있으니까 좌청룡은 분명한데, 서쪽으로는 산줄기가 하천에 막혀 뻗어나가지 못하기 때문에 우백호를 설정하기는 어렵습니다. 그리고 읍치 앞쪽의 하천 너머에 산과 산줄기가 서북-동남 방향으로 발달해 있으니까 안산도 설정할 수 있을 것 같습니다. 따라서 풍수점수로 75점을 줄 수 있지 않겠냐고 생각할 수 있습니다. 하지만 필자는 전형적인 명당 형국을 기준으로 한다면 25점을 주어야 한다고 봅니다. 그 이유를 제시하기 위해 풍수의 명당도를 다시 한번 떠올려보겠습니다.

명당도에서 좌청룡과 우백호의 산과 산줄기는 명당을 감싸주고 있고, 명당수인 하천은 주산과 좌청룡, 주산과 우백호 사이에서 발원하여 흘러나와야 하며, 안산은 그렇게 흘러나와 합류하여 빠져나가는 명당수의 반대편에 있어야 합니다. 그런데 포천의 읍치에서는 첫째, 좌청룡이라고 설정한 산과 산줄기가 읍치를 감싸는 형세가 아니고 둘째, 포천읍치의 앞을 흐르는 하천의 발원지 또한 주산과 좌청룡, 주산과 우백호 사이가 아니라 동남쪽 아주 멀리에서 발원하여 흘러 들어옵니다. 그러니 전형적인 풍수의 명당도 관점에서 보면 포천의 읍치에는 좌청룡과 안산을 설정할 수 없는 것입니다. 그래서 25점을 준 것입니다.

이런 실제의 모습이 『해동지도』의 포천 지도에서는 어떻게 변형되어 그려졌는지 한번 추적해보겠습니다.(그림 50) 첫째, 읍치 앞을 동쪽에서 서쪽으로 흐르는 하천의 발원지가 너무 멀리 있으니까 아예 하천을 없애버리고 동쪽의 산줄기를 최대한 가까이 끌어왔습니다. 둘째, 서쪽으로도 반월산의 산줄기가 읍치를 감싸듯 뻗어나가 우백호를 형성한 것처럼 그렸습니다. 이렇게 두 가지를 변형시키고 나니까 풍수점수 25점의 읍치가 갑자기 100점의 천하명당으로 변했습니다. 그렇다면 1872년의 포천 지도에서는 어떻게 그렸는지 살펴보겠습니다.(그림 52)

읍치 앞쪽의 하천 발원지가 멀다는 것만 제외하면 산과 산줄기

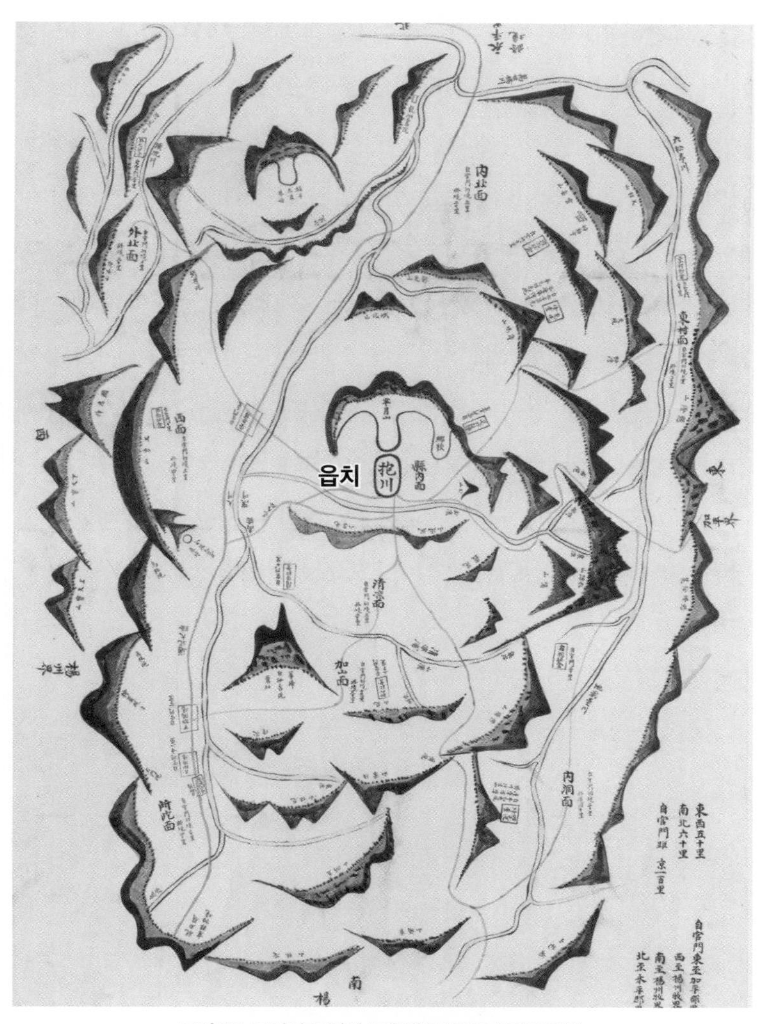

그림 52 포천의 그림식 고을지도(1872년 지방지도)

의 흐름을 풍수의 명당 형국으로 잘 표현했습니다. 고을 전체적으로도 산과 산줄기가 읍치를 겹겹이 둘러싼 것처럼 그렸습니다. 이 정도면 천하의 명당이나 풍수점수 100점까지는 아니더라도 100점에 가까운 점수를 줘도 무방하지 않을까요?

포천의 읍치를 떠나기 전에 딱 하나만 더 말하고 다음 고을로 넘어가도록 하겠습니다. 지금 포천시의 구읍리에 있는 견성이 아주 잘 복원되어 있으니 꼭 가보면 좋을 것 같습니다. 아쉽게도 성벽 주변의 무성한 나무가 아직 충분히 제거되지 않아서 먼발치에서 견성을 바라보면 『해동지도』의 포천 지도에 그려진 모습을 보기가 어렵습니다. 성벽 주변의 무성한 나무가 30m 이상 완전히 제거되어 먼발치에서도 옛 모습이 확연하게 보이기를 기원합니다. 견성에 오르면 높은 산이 아님에도 포천의 주요 지역이 한눈에 조망된다는 사실을 쉽게 체험할 수 있을 것입니다.

파주, 권율 장군이 주둔한 산성이 우뚝하다

두 번째의 고을로 경기도의 파주를 가보겠습니다. 『해동지도』에 수록된 파주의 그림식 고을지도부터 살펴보겠습니다. (그림 53)

포천과 마찬가지로 읍치 뒤쪽의 산 위에 산성의 모습이 선명하고, 고을의 가장 북쪽에는 임진강이 보입니다. 저 산성을 지금은 산의 이름을 따서 봉서산성이라고 부르고 있습니다. 임진왜란 때 권율 장군이 2,800명의 군사를 이끌고 들어간 행주산성에서 3만 이상의 왜군과 큰 전투를 벌여 행주대첩이라는 큰 승리를 거두었습니다. 하지만 왜군이 재차 행주산성을 보복 공격하면 위험하다고 판단하여 조명연합군이 주둔한 개성 방향으로 전략적 후퇴를 결정합니다. 그때 권율 장군이 왜군의 대규모 보복 공격에도 충분히 이겨낼 수 있다고 판단하여 선택한 산성이 바로 봉서산성입니다. 그때는 산성의 이름을 파주산성이라고 기록했습니다. 파주 지역에는 원래 서원(瑞原)과 파평(坡平)이라는 두 개의 고을이 있었는데, 1417년(태종 7)에 두 고을을 합하고는 고을 이름에서 한 글자

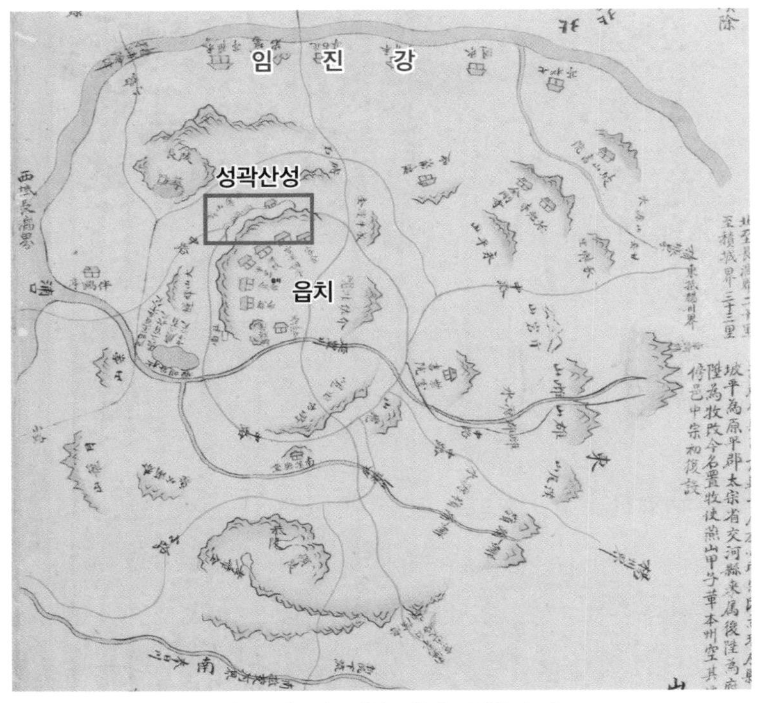

그림 53 파주의 그림식 고을지도(『해동지도』)

씩 따서 원평군이라는 이름을 만들었습니다. 이때 파평의 읍치는 혁파하고 서원의 읍치를 원평군의 읍치로 삼았는데, 봉서산성은 이 서원 고을 읍치의 고대 산성이었습니다. 1460년(세조 6)에는 세조의 왕비인 정의왕후 파평 윤씨의 본관이라고 하여 파주목으로 이름을 바꾸어 승격시켰습니다.

그럼 『해동지도』의 파주 지도에 그려진 읍치의 풍수점수를 몇 점으로 줄 수 있을까요? 주산-좌청룡-우백호-안산의 이름을 적어 놓지 않은 건 독자 스스로 살펴보길 바라는 뜻입니다. 봉서산성이 있는 산이 주산이 되고, 그로부터 좌우로 뻗어나간 산줄기가 읍치를 감싸고 있으며, 주산 반대편에 안산도 그려져 있습니다. 다만 산과 산줄기의 연결이 좀 부족한 점을 고려하여 100점이 아니라 100점에 가까운 점수를 줄 수 있을 것 같습니다. 그렇다면 1872년의 파주 지도에는 또 어떻게 그려져 있을지 살펴보겠습니다. (그림 54, 55)

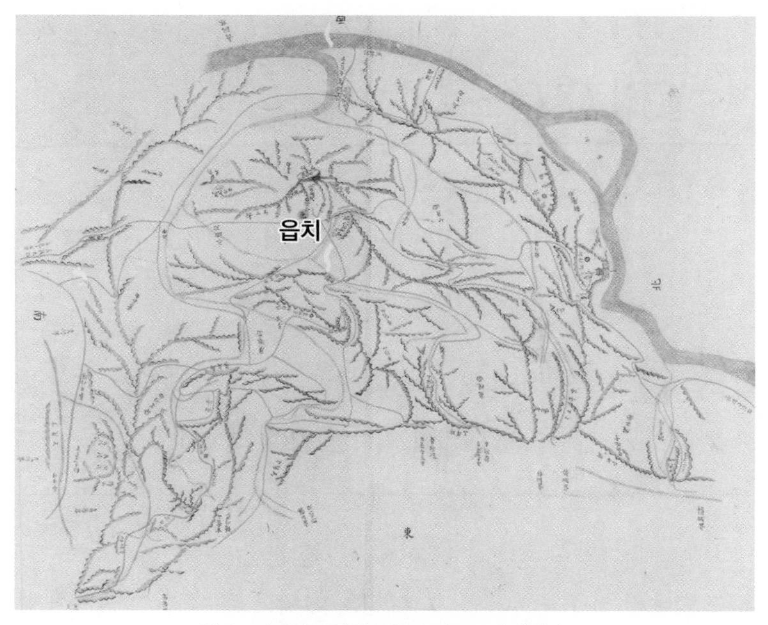

그림 54 파주의 그림식 고을지도(1872년 지방지도)

포천의 견성처럼 봉서산성이 잘 그려져 있고 산성의 크기도 포천만큼 큽니다. 그리고 주산-좌청룡-우백호의 흐름은 『해동지도』의 파주 지도와 비슷한 것 같은데, 읍치 앞쪽의 하천 표현이 많이

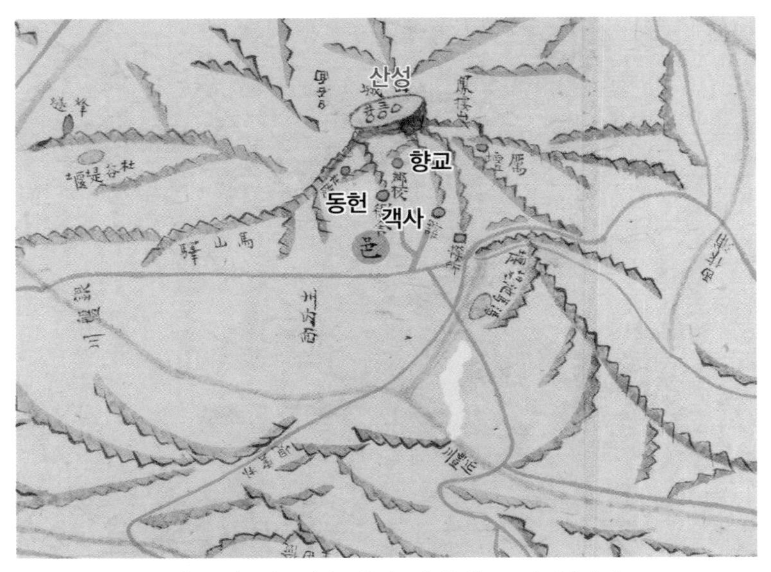

그림 55 파주의 그림식 고을지도 속 읍치(1872년 지방지도)

다릅니다. 어쨌든 이 지도의 파주읍치는 풍수점수로 몇 점을 줄 수 있을까요? 하천의 발원지가 멀다는 흠이 있어서 100점을 주긴 그렇고, 그래도 주산-좌청룡-우백호-안산을 모두 설정하고 있으니 100점에 가까운 점수를 줄 수는 있습니다.

그렇다면 파주읍치의 실제 지형은 어떨까요? 포천의 읍치처럼 우연히 25점이었는데 100점에 가까운 풍수의 명당 형국으로 그린 것일까요? 아니면 원래부터 100점에 가까운 것일까요? 이제 일제강점기 1:5만 지형도 위의 파주읍치를 살펴보겠습니다. (그림 56)

봉서산성이 읍치의 서북쪽에 있고, 동헌은 서북쪽의 봉서산을 등지고 동남쪽을 향해 있었습니다. 봉서산을 주산으로 보고, 좌우

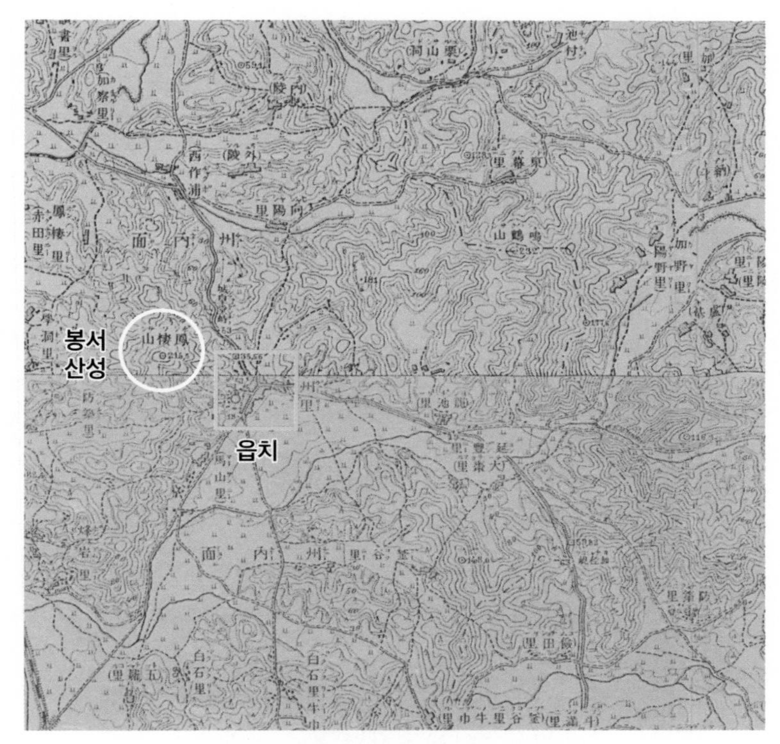

그림 56 파주읍치의 입지(일제강점기 1:5만 지형도)

로 뻗은 산줄기가 분명하게 보이니까 좌청룡과 우백호는 확실히 설정할 수 있을 것 같습니다. 다만 읍치 앞쪽 하천의 발원지가 동쪽 멀리 있는 것 같아서 안산을 설정하기는 좀 그렇습니다. 종합하면 75점+α를 주면 무난하지 않을까 합니다. 산성에서 바로 아래로 내려온 읍치 중 주변 지형이 우연히 75점+α의 높은 풍수점수를 줄 수 있는 사례는 많지 않습니다. 그렇더라도 가능하면 100점이나 그에 가까운 풍수점수를 받고 싶어 하는 욕구를 그림식 고을지도에 담아내려 했습니다.

풍수의 전형적인 명당 형국 관점에서는 안산을 설정하기가 좀 그렇긴 합니다. 하지만 좀 더 넓은 범위로 확대해서 보면 안산으로 설정할 수 있는 산과 산줄기가 읍치 앞쪽의 하천 너머에 잘 형성되어 있습니다. 1872년의 파주 지도에서도 그렇게 그렸고, 『해동지도』의 파주 지도에서도 표현 방식은 다르지만 안산을 하천 너머의 산으로 그려 풍수점수를 높이고자 했습니다.

파주의 읍치에 대해서 하나만 덧붙이겠습니다. 한국전쟁을 겪으며 주변 전망이 좋은 봉서산성에 군부대가 주둔하여 진지를 구축하느라 성벽의 대부분이 사라졌습니다. 그리고 지금도 군부대가 주둔하고 있어 산성 안에는 들어갈 수가 없습니다. 다만 봉서산성 바로 아래의 전망대까지는 자동차로 올라갈 수 있습니다. 전망대에서는 임진강뿐만 아니라 북한의 개성까지도 너무나 깨끗하게 잘 보이니 한번 가보시기를 권합니다.

부평, 현실의 비보풍수 알뫼(造山)를 만나다

세 번째로 인천광역시에 속한 부평으로 가보겠습니다. 이번에는 일제강점기 1:5만 지형도 위의 부평 고을 읍치부터 살펴보겠습니다.(그림 57)

부평 고을의 읍치는 지금의 인천광역시 계양구 계산동에 있었습니다. 고대 산성인 계양산성이 읍치 북쪽에 그려져 있고, 지금도 남아 있는 부평도호부의 동헌은 서북쪽의 계양산을 등지고 동남쪽을 향해 있었습니다. 계양산을 풍수의 주산으로 삼아 북쪽의 좌청룡과 남쪽의 우백호 산줄기가 너무나 분명한데 아쉬운 것은 동남쪽 방향이 허허벌판의 평지라서 안산을 설정하기가 어렵다는 점입니다. 따라서 결론적으로 계양산성에서 내려온 부평읍치의 우연한 풍수점수는 75점을 줄 수 있을 것 같습니다.

그런데 저 지도에는 담겨 있지 않은 비보풍수 이야기가 하나 있습니다. 읍치의 동남쪽 방향이 허허벌판의 완전 평지이기 때문에 안산을 설정할 수 없어서 아쉬운 문제를 어떻게든 보완하려 했

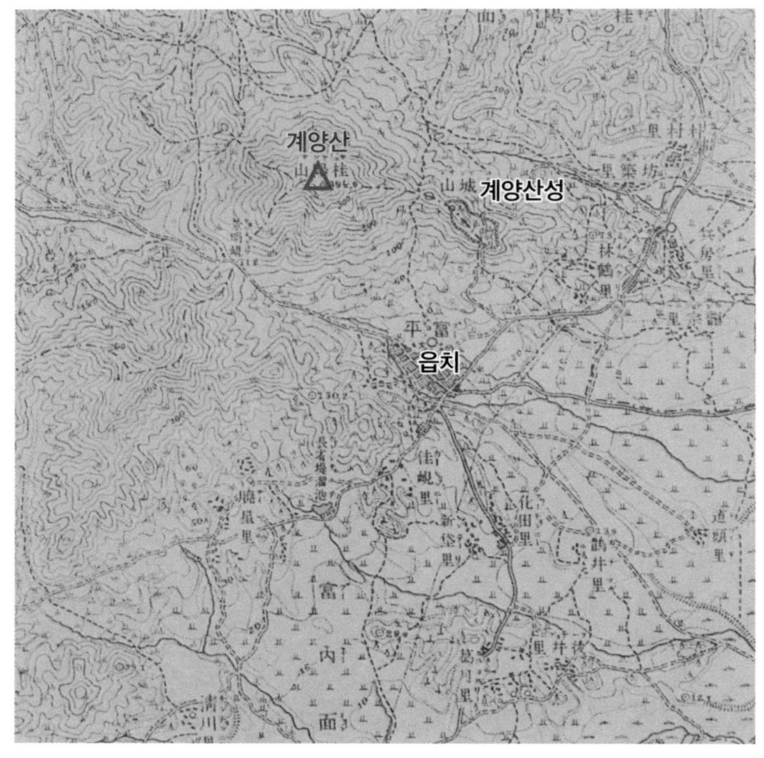

그림 57 부평읍치의 입지(일제강점기 1:5만 지형도)

을 것으로 충분히 예상할 수 있지 않나요? 바로 허허벌판의 평지에 인공적으로 산을 만들어 풍수의 안산으로 삼고 우리말로 '알처럼 작은 뫼'란 의미의 알뫼라고 불렀습니다. 한자로는 '만들 조(造)' 자, '뫼 산(山)' 자를 써서 조산(造山)이라고 썼습니다. 그런데 1개가 아니라 무려 5개나 만들었기 때문에 이 지역에서는 오조산(五造山)이라고 기록해왔습니다. 지금은 이 지역이 완전히 개발되어 오조산의 정확한 위치도 잘 모릅니다.

그렇다면 알뫼가 『해동지도』의 부평 지도에도 그려져 있는지 살펴보겠습니다. (그림 58, 59)

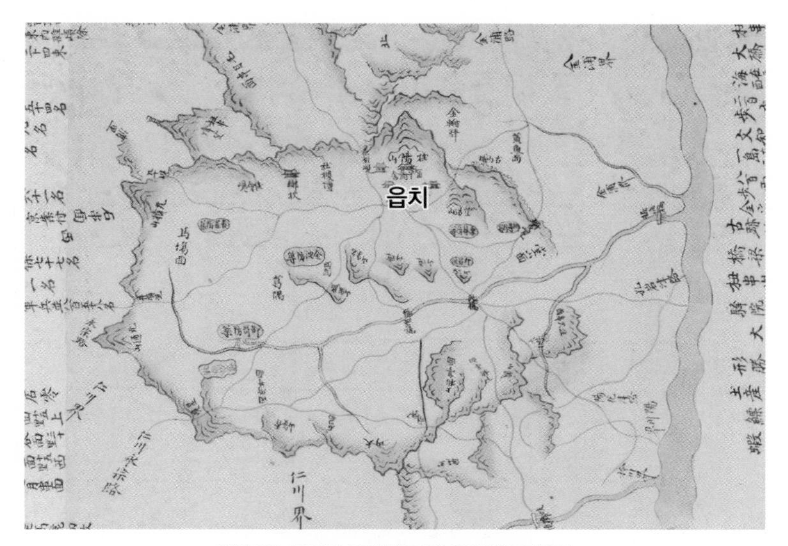

그림 58 부평의 그림식 고을지도(『해동지도』)

그림 59 부평의 그림식 고을지도 속 읍치(『해동지도』)

읍치 부분을 확대한 그림 59를 보면 알뫼는 5개가 아니라 3개가 그려져 있습니다. 뭔가 사연이 있는 것 같은데, 그것을 알 수 있는 문헌 기록이 전해지고 있지 않아 안타깝습니다. 어쨌든 동남쪽 평지에 알뫼가 3개나 그려져 있으니까 읍치에서 탁 트인 공간이 없게 된 효과가 분명히 보이며, 주산-좌청룡-우백호-안산의 산과 산줄기로 둘러싸인 풍수의 명당 형국에 아주 좋은 모습입니다. 하지만 뭔가 명당의 형태가 둥글지 않고 어그러진 듯한 아쉬움이 드는데, 이것은 그림 58처럼 읍치보다 훨씬 넓은 범위에서도 풍수의 명당 형국을 그려내고 있기 때문입니다. 그렇다면 실제의 모습도 이럴까요? 넓은 범위에서 지형이 드러난 현대 지도를 살펴보겠습니다. (그림 60)

그림 60 현대 지도 속 부평의 읍치와 산줄기(네이버 지도)

부평 고을의 영역은 인천광역시의 계양구, 부평구, 서구와 경기도의 부천시 등에 있었습니다. 이 중 계양구, 부평구, 부천시에 걸쳐서 안쪽에 넓은 평지가 있고, 바깥쪽으로 산과 산줄기가 빙 둘러 쳐져 있습니다. 현대 지도에 그 모습이 잘 나타나 있는데, 『해동지도』의 부평 지도에 그려진 모습도 별반 다르지 않습니다. 그렇다면 1872년의 부평 지도에는 어떻게 그려져 있는지 살펴보겠습니다.(그림 61, 62)

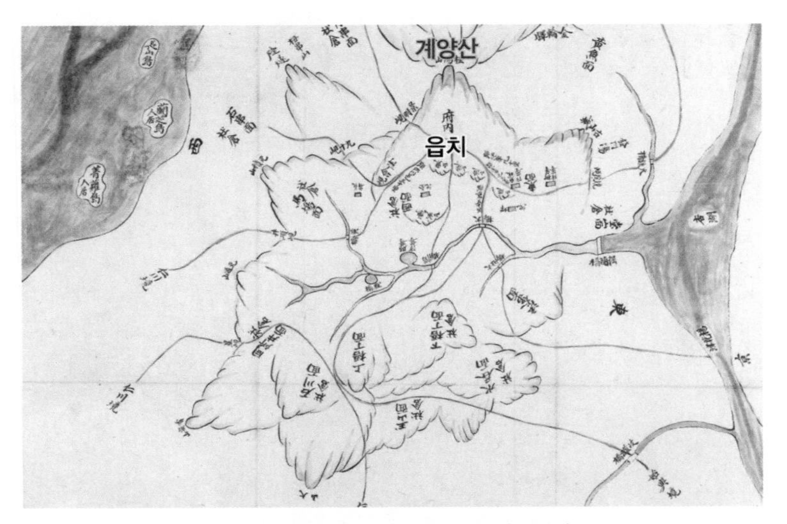

그림 61 부평의 그림식 고을지도(1872년 지방지도)

역시 그림 61은 큰 범위에서 본 것이고, 그림 62는 좁은 범위의 읍치입니다. 전체적으로 『해동지도』의 부평 지도와 비슷하고, 좁은 범위의 읍치도 『해동지도』의 부평 지도보다 우백호[위쪽]의 산줄기를 더 분명하게 그린 것을 제외하면 비슷해 보입니다. 부평의 읍치와 넓은 범위의 지형이 풍수의 명당 형국에 상당히 가까웠기

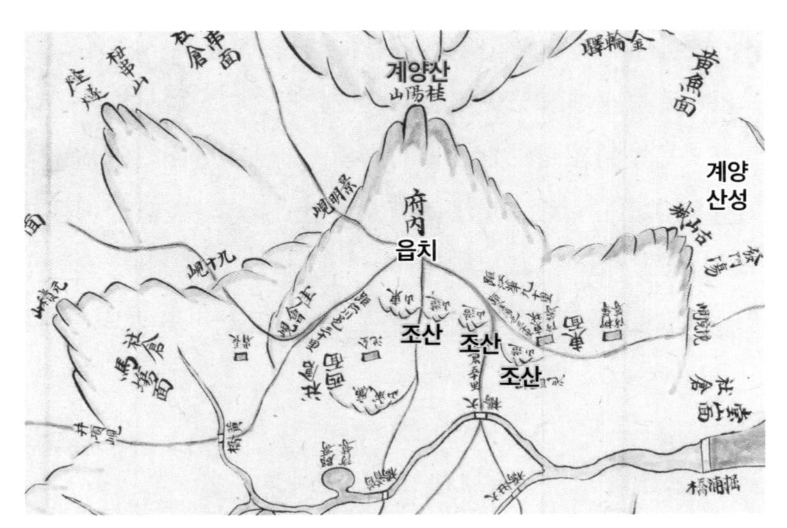

그림 62 부평의 그림식 고을지도 속 읍치(1872년 지방지도)

때문에 그림식 고을지도들과 현대 지도 사이에 큰 차이가 나타나지 않았던 것으로 볼 수 있습니다.

김화, 남북분단이 초래한 슬픈 고을의 읍치를 찾아가다

설명하고 싶은 경기도의 고을이 너무 많긴 하지만 이제 강원도의 김화 고을로 넘어가도록 하겠습니다. 우선 일제강점기 1:5만 지형도에 그려진 김화읍치의 모습부터 살펴보겠습니다.(그림 63)

김화 고을의 읍치는 철원군 김화읍의 읍내리에 있었습니다. 휴전선 남방한계선으로부터 2km 정도밖에 안 떨어져 있어서 읍치

그림 63 김화읍치의 입지(일제강점기 1:5만 지형도)

의 시가지가 모두 사라지고 논밭으로 변했습니다. 남북분단이 초래한 가장 슬픈 고을 중의 하나이고, 남북 관계가 안 좋았던 옛날에는 외부인이 갈 수 없던 땅이었습니다. 하지만 지금은 시절이 좋아져서 누구든 갈 수 있습니다. 읍치 서북쪽에 김화의 고대 산성인 자모산성이 분명하게 그려져 있기 때문에 통치 기능이 산성 동남쪽 아래의 읍치로 내려왔다는 것을 금방 이해할 수 있습니다. 그렇다면 1:5만 지형도 위에 그려진 김화 고을의 읍치는 풍수점수로 몇 점을 줄 수 있을까요?

자모산성이 있는 성재산이 읍치에서 서북쪽으로 멀리 떨어져 있어 주산으로 설정하기는 어렵지만 대신 바로 뒤쪽에 솟아난 봉우리(310m)를 주산으로 삼으면 됩니다. 그리고 주산에서 좌우로 뻗는 산줄기가 있기는 하지만 읍치를 감싸는 것 같지 않으니까 좌청룡과 우백호는 설정하기 어렵습니다. 마지막으로 읍치 앞쪽의 산도 서쪽에서 흘러 들어와 동쪽으로 빠져나가는 하천 너머에 있어서 안산으로 보기가 어렵습니다. 따라서 필자라면 25점을 주고 싶습니다.

그렇다면 풍수점수 25점의 김화읍치가 그림식 고을지도에서는 어떻게 표현되어 있을까요? 먼저 『해동지도』의 김화 지도부터 살펴보겠습니다.(그림 64)

이 지도는 보자마자 너무나 당연하게 풍수점수 100점을 주고 싶은 마음입니다. 풍수의 명당도와 너무나 비슷하지 않나요? 자모산성이 있는 성재산을 주산으로 하여 읍치를 감싸는 좌청룡과 우백호의 산줄기가 분명합니다. 그 안의 명당수도 주산과 우백호 사

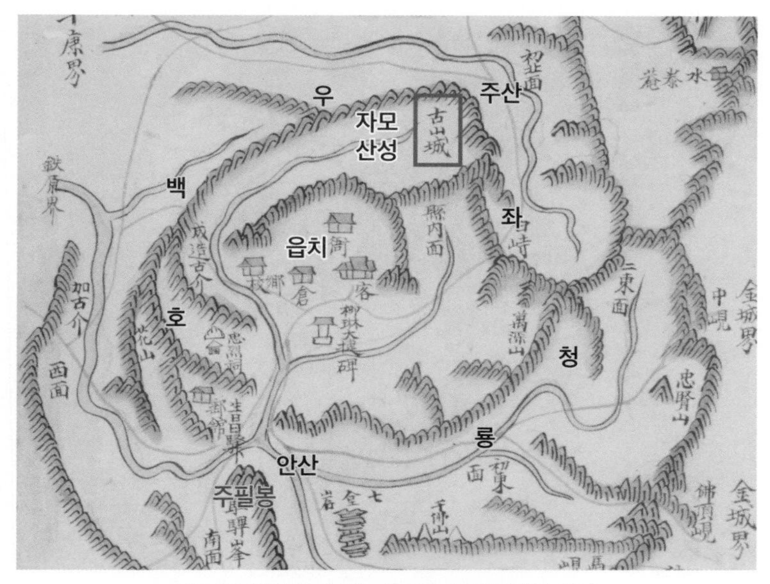

그림 64 김화의 그림식 고을지도 속 읍치(『해동지도』)

이에서 하나, 주산과 좌청룡 사이에서 하나가 흘러나와 읍치의 앞쪽에서 합류하며 빠져나가고, 합류점 반대편에는 안산(주필봉)이 솟아나 있습니다. 게다가 주산에서 읍치까지 뻗어내린 산줄기 하나가 내청룡과 내백호로 갈라져 있기도 하니, 이보다 더 풍수의 명당도와 비슷한 사례를 찾기가 쉽지 않을 것입니다.

앞에서 필자는 1:5만 지형도 위에 그려진 김화읍치의 모습을 보고 풍수점수를 25점으로 매겼습니다. 그런데 어떻게 25점을 100점으로 끌어올린 걸까요? 『해동지도』의 김화 지도에 표시한 정보들을 그대로 첨가한 1:5만 지형도를 살펴보겠습니다. (그림 65)

이 지도에서는 자모산성이 있는 성재산을 주산으로 삼아 좌청

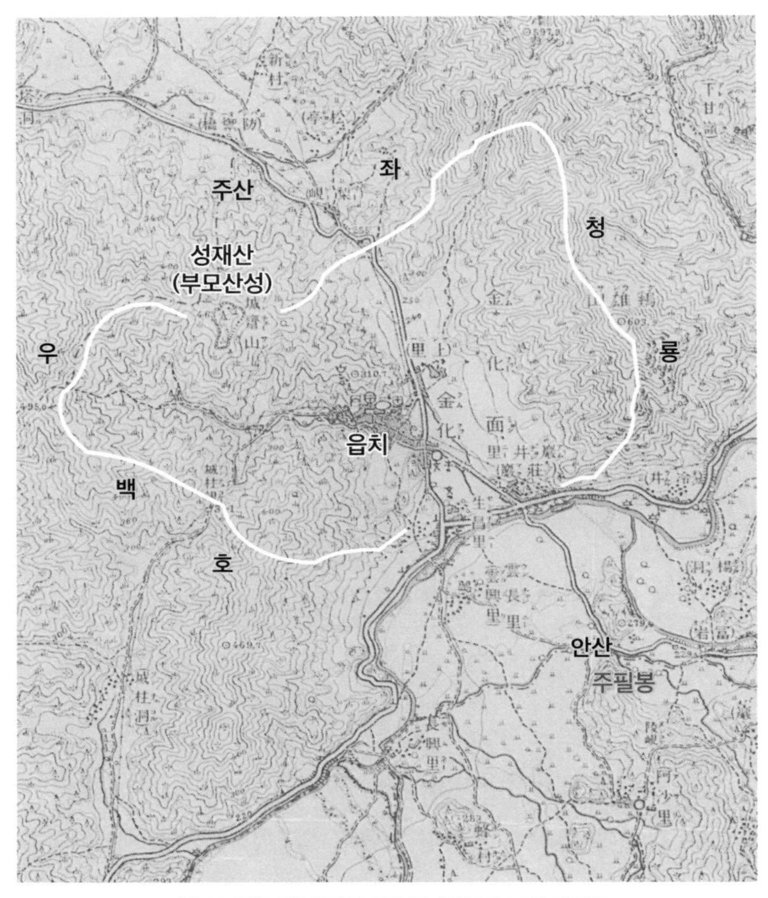

그림 65 김화읍치의 명당 구도(일제강점기 1:5만 지형도)

룡과 우백호를 넓게 잡았습니다. 그리고 이런 조건에서는 주산과 우백호 사이에서 하천 하나가, 주산과 좌청룡 사이에서 또 하나가 발원하여 읍치 동쪽에서 합해지고 다시 남쪽으로 빠져나가다 객수에 해당하는 큰 하천에 합류합니다. 그리고 하천 합류 지점 건

그림 66 김화의 그림식 고을지도(1872년 지방지도)

너는 멀지만 가까이 끌어와 안산으로 설정할 수 있는 주필봉도 있습니다. 그렇다면 1872년의 김화 지도에서 어떻게 그렸는지 살펴보겠습니다.(그림 66, 67)

그림 67 김화의 그림식 고을지도 속 읍치(1872년 지방지도)

그림 66이 고을 전체의 지도이고, 그림 67이 읍치 지역을 확대한 지도입니다. 『해동지도』의 김화 지도와 비교해보면 어떤가요? 솔직히 첫인상은 상당히 못 그렸다는 느낌입니다. 산줄기의 연결 관계를 분명하게 해놓지 않아서 흠으로 보입니다. 저 지도에서 그린 읍치 주변의 주산–좌청룡–우백호–안산의 산과 산줄기가 『해동지도』의 김화 지도에 그려진 것과 같을까요? 아니면 다를까요? 지도만 보고 솔직히 같다고 말하기가 쉽지 않습니다.

좌청룡과 읍치 사이에 원래는 하천이 있지만 저 지도에서는 그리지 않았습니다. 필자가 안산을 두 개 써놓고 주필봉에 '(안산)'이라고 표시했는데, 읍치 아래쪽에 있는 산이 안산으로 보이지만 주필봉을 안산으로 볼 수도 있어서 그렇게 한 것입니다.

계속 강조하지만 풍수는 주관적이기 때문에 저 지도를 그린 제작자의 의도를 정확히 파악하기가 어렵습니다. 다만 하나는 분명하게 말할 수 있습니다. 표현 방식이 애매하지만 저 지도는 김화읍치를 중심으로 주변에 주산-좌청룡-우백호-안산의 산과 산줄기를 배치하여 풍수점수 100점을 표현하고 싶었다는 점입니다.

평창,
비보숲을 만나다

네 번째로 강원도의 평창 고을로 가보겠습니다. 먼저 1872년의 평창 지도부터 살펴보겠습니다.(그림 68)

고을 전체가 아니라 읍치 부분만 확대한 지도입니다. 무슨 산수화를 보는 것같이 멋지지 않나요? 읍치의 핵심인 동헌과 객사 뒤

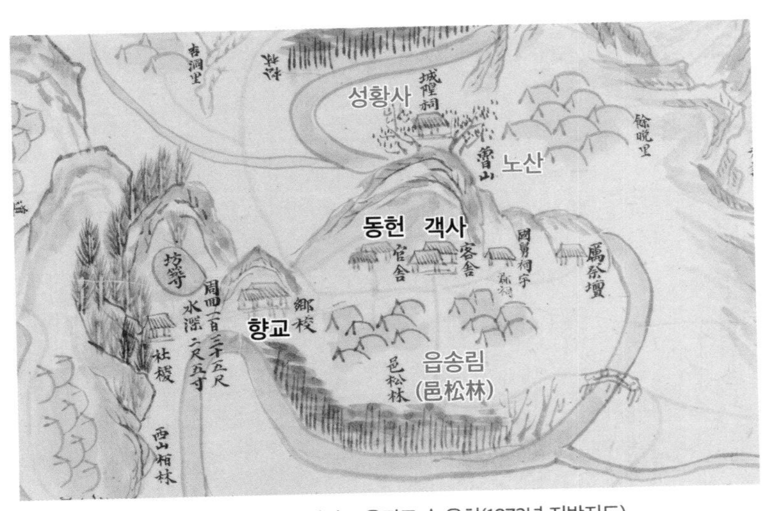

그림 68 평창의 그림식 고을지도 속 읍치(1872년 지방지도)

쪽에 주산인 노산(魯山)이 웅장하게 솟아 있습니다. 이 노산에 고을을 지켜주는 신에게 제사 지내는 사당인 성황사의 모습이 인상적인데, 이곳에 있던 고대 산성인 노산산성은 그려지지 않았습니다. 주산인 노산으로부터 뻗은 좌청룡〔동〕이 읍치를 살짝 감쌌고, 우백호〔서〕는 좌청룡보다도 더 미약해 보입니다. 이런 산과 산줄기만 보면 풍수점수는 주산만 있는 25점, 또는 좌청룡의 존재까지 인정하여 50점밖에 줄 수 없습니다.

그런데 읍치 앞쪽의 강가에는 읍송림(邑松林)이라는 이름과 함께 숲이 멋들어지게 그려져 있습니다. 고을 읍치에 인공적으로 만든 솔숲입니다. 풍수적으로 우백호〔서〕가 약하고 안산〔남〕이 없는 것을 인공적으로 보완해주기 위해 만들어 보호한 비보숲입니다. 이런 비보풍수까지 감안한다면 풍수점수는 100점이나 그에 가까운 점수로 훌쩍 뛰어오를 수 있습니다.

그렇다면 실제 지형은 어땠을까요? 일제강점기 1:5만 지형도 위에 그려진 평창읍치의 모습은 이렇습니다.(그림 69)

앞에서 본 1872년의 평창 지도와 거의 같은 범위의 읍치 지역입니다. 주산인 노산이 분명하게 보입니다. 하지만 노산에서 좌우로 뻗은 산줄기가 읍치를 감싸기는커녕 오히려 뒤쪽으로 뻗어나가는 모양새를 하고 있으니 좌청룡과 우백호는 없다고 봐야 합니다. 그리고 하천가는 거의 완전 평지이니 안산은 설정할 수도 없습니다. 그렇다면 풍수점수로는 당연히 25점밖에 줄 수가 없는데, 1872년의 평창 지도도 이런 실제 지형의 모습과 상당히 유사하게 그렸습니다. 읍송림이라는 비보숲의 조성이 아니었다면 25점밖에 되지

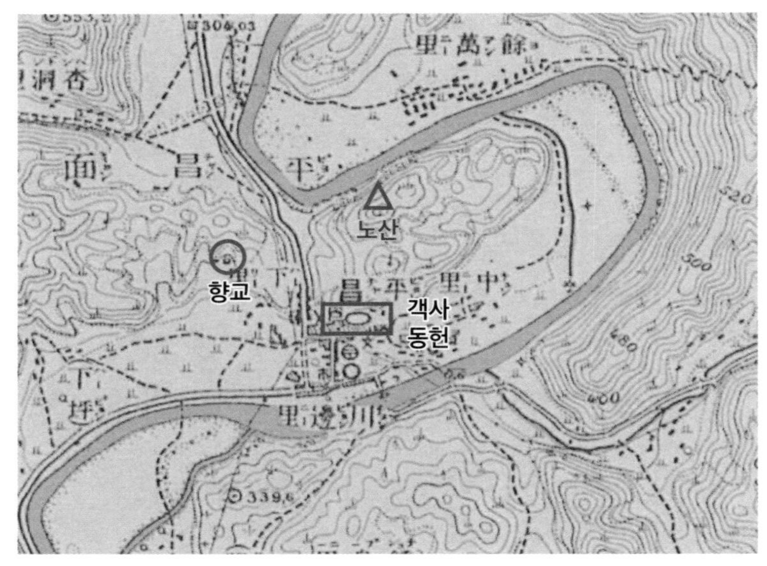

그림 69 평창읍치의 입지(일제강점기 1:5만 지형도)

않는 평창읍치를 100점이나 그에 가까운 읍치로 변모시킬 수 있는 방법은 없었을 것입니다.

그럼 『해동지도』의 평창 지도는 어떻게 그렸을까요?

읍치 지역만 보면 실제 지형과 상당히 유사하게 그렸고, 읍송림이라는 비보숲도 그려져 있지 않습니다. (그림 70) 따라서 읍치의 풍수점수는 주산만 갖춘 25점밖에 줄 수가 없습니다. 다만 읍치를 중심으로 고을 전체의 산과 산줄기가 두 겹으로 감싸고 있는 모습은 읍치는 아니더라도 고을 전체를 풍수의 명당으로 그려내고 싶었던 제작자의 심정을 어느 정도 느낄 수 있습니다.

모든 그림식 고을지도가 읍치를 풍수점수 100점으로 만들려고

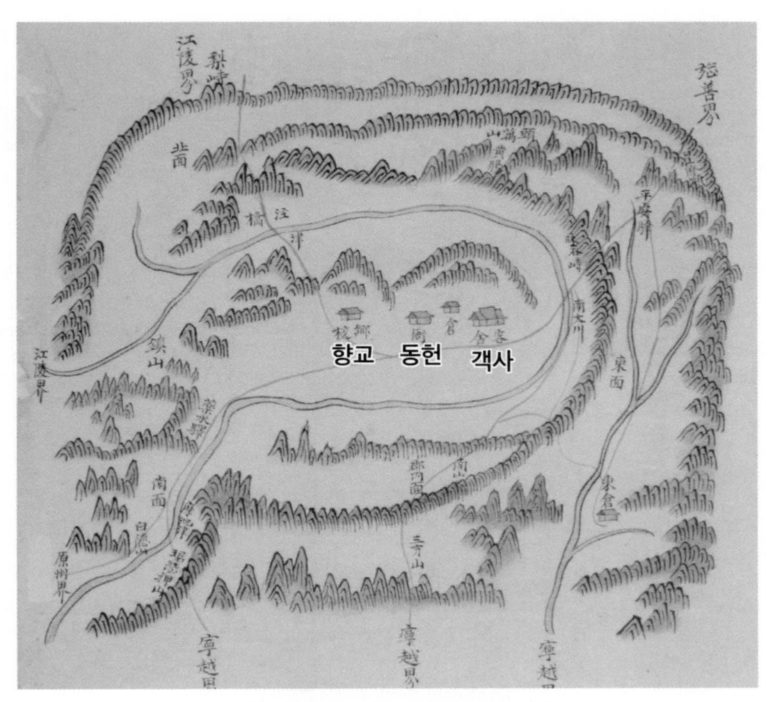

그림 70 평창의 그림식 고을지도(『해동지도』)

한 것은 아니었습니다. 경향성으로, 또는 패턴으로 보아야 합니다. 풍수점수를 높이려는 의도가 전혀 없는 그림식 고을지도도 가끔 있고, 『해동지도』의 평창 지도처럼 읍치는 아니더라도 고을 전체를 풍수의 명당으로 형상화하고자 노력했던 그림식 고을지도도 있습니다. 『해동지도』의 평창 사례를 통해 '모든'이라고 여겼다가 혹시라도 그렇지 않은 사례를 만났을 때 급실망하지 않았으면 좋겠습니다.

청양, 풍수점수 25점의 읍치를 100점+α로 만들다

이제는 강원도를 떠나서 외할머니를 생각나게 만드는 '콩밭 매는 아낙네야'로 시작되는 노래 '칠갑산'의 본고장 충청남도의 청양으로 가보겠습니다. 여기서는 일제강점기 1:5만 지형도에 그려진 청양 고을의 읍치부터 살펴보겠습니다.(그림 71)

필자가 지도 위에 청양 고을의 고대 산성인 우산성(牛山城)과 그 아래의 조선시대 읍치 두 개의 정보만 표시했습니다. 이 정도의 정보만 표시해도 독자들께서는 청양의 읍치가 왜 저기에 있게 되었는지 쉽게 이해할 수 있을 것입니다. 그럼 청양읍치의 풍수점수는 몇 점을 줄 수 있을까요?

주산은 우산성이 있는 우산이 분명합니다. 그런데 주산에서 동쪽으로 뻗은 산줄기가 없어서 좌청룡(동)은 설정하기 어렵고 우백호(서)도 좀 애매합니다. 우산에서 서쪽의 송애리(松崖里) 방향으로 산줄기가 연결된 것처럼 보이지만 실제로는 연결되지 않았습니다. 읍치 서북쪽의 골짜기에서 하천이 흘러 내려와 우산성 서쪽

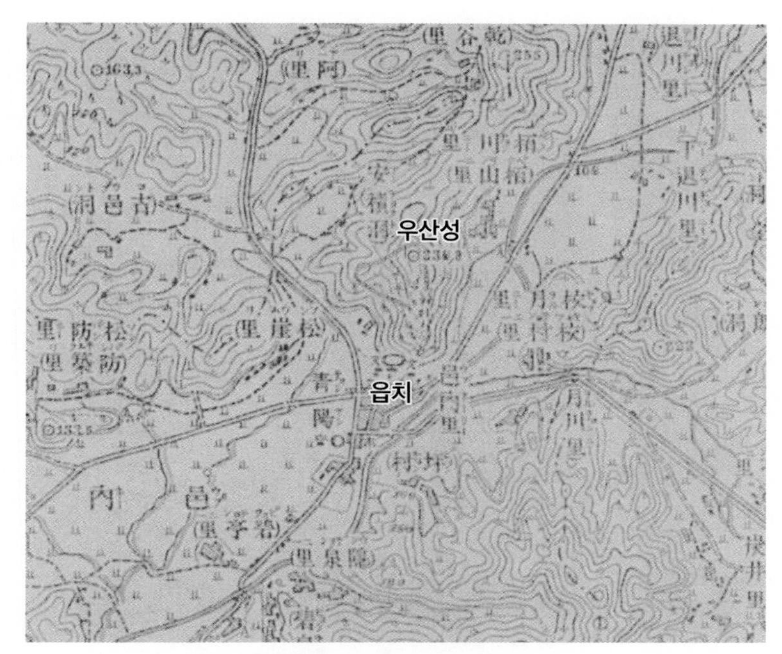

그림 71 청양읍치의 입지(일제강점기 1:5만 지형도)

의 길을 따라 흐르다 읍치 서쪽의 하천과 연결됩니다. 그렇다면 우백호도 없는 것이 됩니다. 마지막으로 읍치 남쪽을 흐르는 하천이 동북쪽 멀리서 발원하기 때문에 하천 너머의 산과 산줄기를 안산으로 설정하기도 어렵습니다. 이런 사실들을 종합해볼 때 청양 읍치의 풍수점수는 25점밖에 줄 수 없습니다.

그렇다면 청양의 그림식 고을지도에서는 25점의 풍수점수를 어떻게 변화시켰을까요? 먼저 1872년의 청양 지도부터 살펴보겠습니다.(그림 72)

처음 보는 분들은 헷갈릴까 봐 필자가 주산-좌청룡-우백호-안

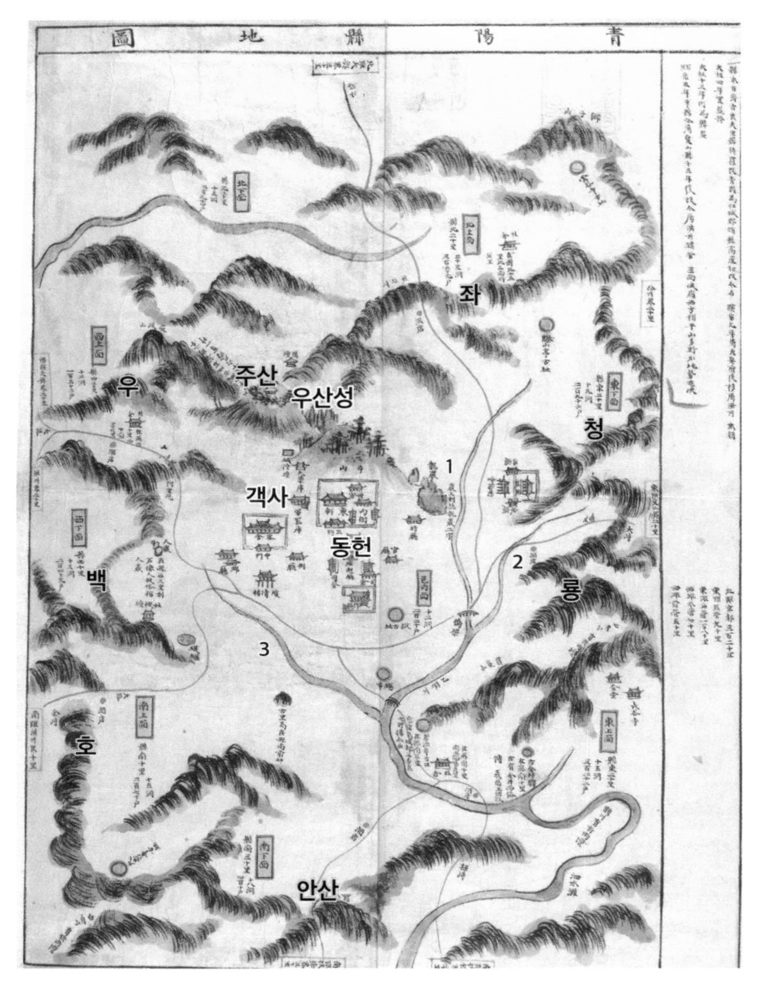

그림 72 청양의 그림식 고을지도(1872년 지방지도)

산의 산과 산줄기를 다 표시해 놓았습니다. 그리고 주산과 동쪽의 좌청룡 사이에서 하천이 발원하고, 주산과 서쪽의 우백호 사이에서 또 하나의 하천이 발원하여 읍치 앞에서 합류한 뒤 안산을 휘돌아 빠져나가는 모습이 풍수의 명당도에서 나타나는 명당수의 모습과 너무나 비슷합니다. 산줄기가 구불구불 그려져서 그렇지 주산–좌청룡–우백호–안산의 산과 산줄기, 그리고 그 안의 명당수 흐름까지 풍수의 완벽한 명당 모습을 보여주고 있습니다. 그렇다면 풍수점수를 100점이 아니라 100점+α로 주는 것이 더 타당할 것입니다.

1872년의 청양 지도 제작자가 어떤 마법을 부렸기에 풍수점수 25점의 청양읍치가 100점+α로 변한 걸까요? 지도의 외곽에 테두리가 있는 것을 보면 저 지도는 청양 고을 전체를 보여주고 있습니다. 읍치를 중심으로 작은 범위에서는 풍수의 명당 논리를 도저히 적용하기 어려우니까 고을 전체의 차원에서 산과 산줄기 그리고 하천의 흐름을 풍수의 명당 논리에 맞추어 그린 것입니다. 고을 읍치의 권위 표현에서 풍수의 명당 논리가 중요해진 이후 어떻게든 풍수의 명당 형국을 그려내려고 했던 사례들을 앞에서 많이 보았습니다. 읍치 주변의 좁은 범위에서 안 되면 범위를 더 넓혀서, 심하게는 고을 전체를 대상으로 풍수의 명당 논리를 적용하는 것, 청양 고을도 예외가 아니었던 것입니다. 그렇다면 청양 고을 전체의 차원에서 볼 때 산줄기와 하천의 실제 흐름은 어땠을까요?

그림 73의 현대 지도에 그려진 청양의 영역은 1872년 지방지도의 청양 영역과 대략 비슷하며, 주황색 사각형이 읍치입니다. 그리고 1872년의 청양 지도에 그려진 주산–좌청룡–우백호–안산의 산과 산줄기를 파란색 실선으로 그렸고, 하천에도 각각 1·2·3 번호를 붙였습니다. 두 지도를 비교해보면 얼마나 풍수의 명당점수를

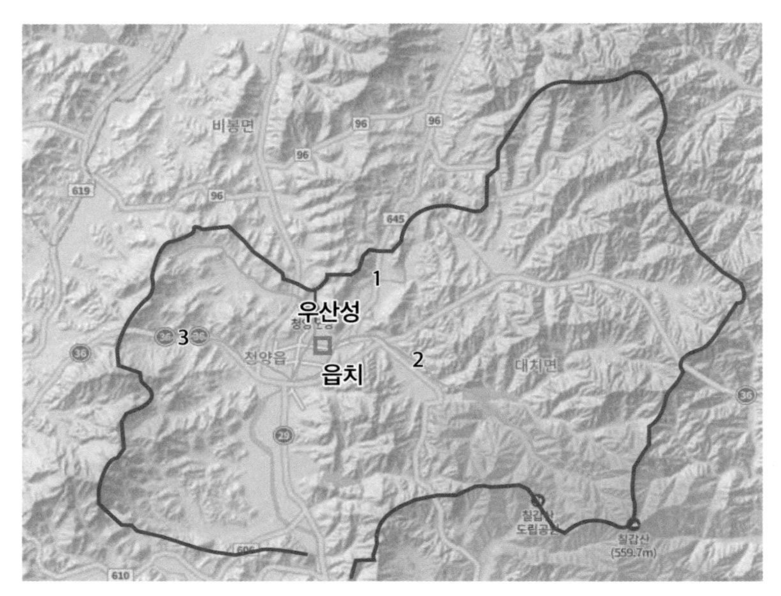

그림 73 현대 지도 속 청양(네이버 지도)

올리고 싶었으면 저렇게 넓은 범위를 잡아서 그렸겠느냐는 짠한 생각마저 듭니다. 명당 형국에 방해가 되는 산줄기와 하천은 없애고, 하천이 너무 길면 짧게 그렸으며, 하천의 방향이 안 맞으면 방향을 맞게 조정한 모습이 역력합니다. 이렇게 읍치의 풍수점수를 높이기 위해 고을 전체의 관점에서 산과 산줄기, 하천의 실제 모습을 생략하거나 변형시킨 사례는 풍수점수 0점인 고을에서도 많이 봤습니다. 그런 고을들에 비하면 저 정도는 봐줄 만합니다. 그렇다면『해동지도』의 청양 지도는 어떻게 그렸을까요?

그림 74의 지도는 고을 전체를 그린 것인데, 풍수점수로 몇 점을 줄 수 있을까요? 산과 산줄기를 모두 연결해서 그리지는 않았습니

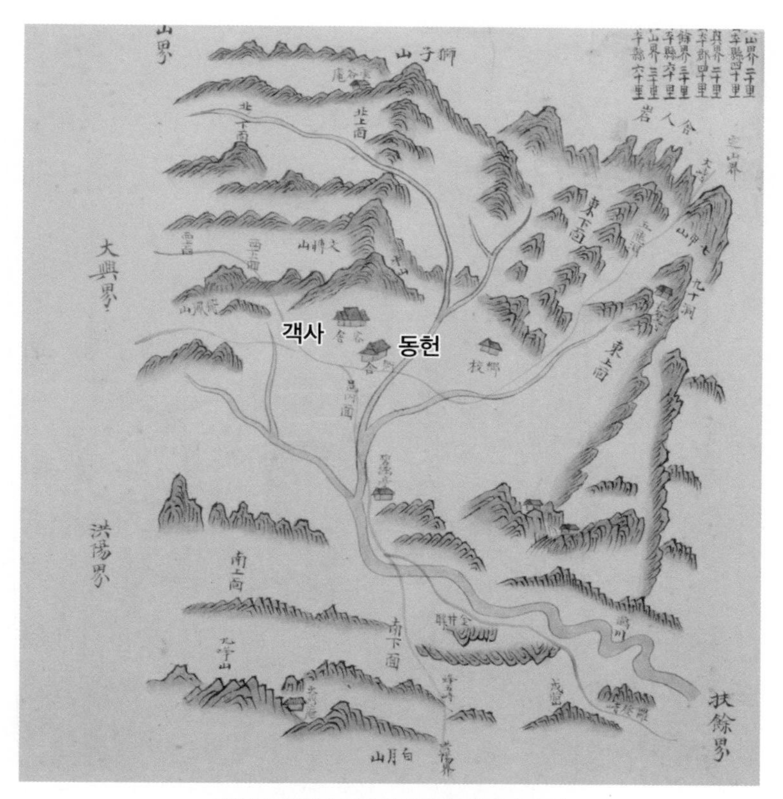

그림 74 청양의 그림식 고을지도(『해동지도』)

다만 만약 읍치 뒤쪽의 산줄기를 관통하는 하천만 없었다면 1872년의 청양 지도처럼 100점+α 정도는 아니어도 100점에 가까운 풍수점수를 줄 수는 있을 것입니다. 읍치 뒤쪽의 그 하천을 길게 그린 것이 많이 아쉽습니다. 이 하천은 원래 산줄기에 의해 끊어져야 사실에 부합합니다. 편찬 과정에서 오류가 나타난 듯합니다.

음성, 풍수점수 25점의 읍치를 100점+α로 바꾼 고을을 또 만나다

이번에는 사과, 고추 등으로 유명한 충청북도의 음성으로 가보겠습니다. 먼저『해동지도』의 음성 지도를 살펴보겠습니다.(그림 75)

음성의 고대 산성인 설성산성의 모습이 정말 멋지게 그려져 있습니다. 지도만 봐도 고대 음성읍치의 통치 핵심이 설성산성에 있다가 고려시대의 어느 시기에 근처로 내려온 것을 분명하게 알 수 있습니다. 다만 음성 고을에서는 산성에서 처음으로 내려온 곳이 저 지도 위의 위치가 아니라는 내용이『신증동국여지승람』음성현의 고산성(古山城) 부분에 이렇게 나옵니다.

> (고산)성 남쪽에 읍치의 옛터〔遺址〕가 있는데 관들〔官坪〕이라고 부른다.

고산성은 설성산성을 가리키는데, 그 남쪽 아래에 옛 읍치의 유지가 있다는 것은 고려시대의 어느 시기에 설성산성 남쪽의 관들

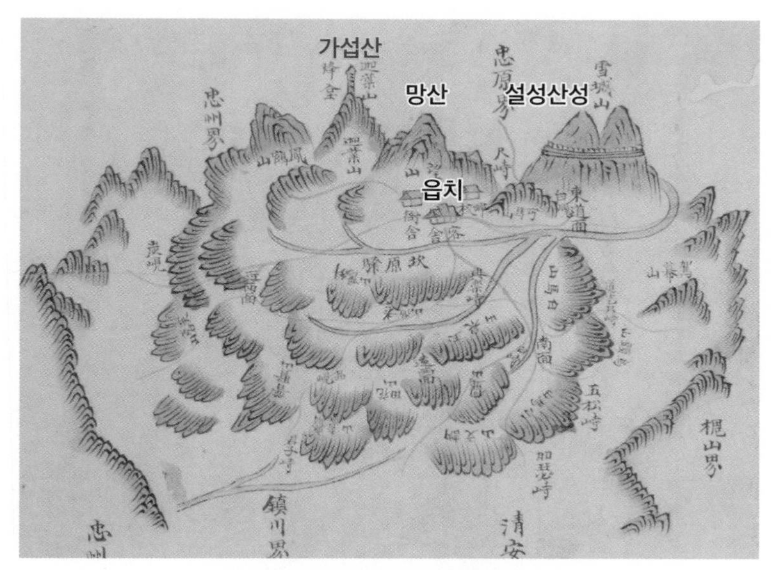

그림 75 음성의 그림식 고을지도(『해동지도』)

로 내려왔다가 또 언젠가 저 지도 위의 읍치로 한 번 더 옮겨갔다는 것을 의미합니다. 그렇다면 관들에서 저 위치로 언제 옮겨갔을까요? 먼저 저 지도를 보면 음성읍치의 풍수점수를 몇 점으로 줄 수 있을지 생각해보겠습니다.

읍치의 주산은 설성산성이 아니라 망산(望山)입니다. 그 망산으로부터 오른쪽으로 뻗은 산과 산줄기가 좌청룡이 되고, 왼쪽으로는 우백호가 두 겹 또는 세 겹으로 그려져 있으며, 아래쪽의 안산 방향으로는 무려 네 겹의 산과 산줄기가 표현되어 있습니다. 그러니 풍수점수로는 100점을 넘어 100점+α를 주는 것이 맞을 것 같습니다.

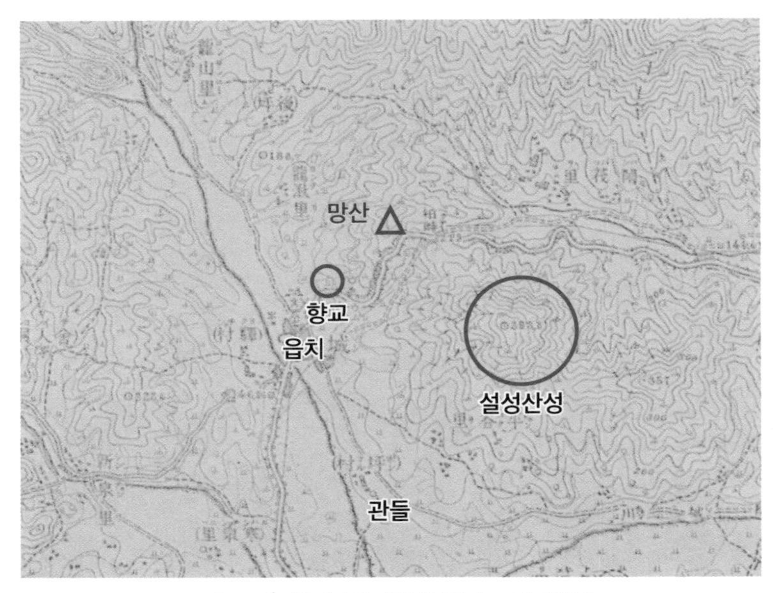

그림 76 음성읍치의 입지(일제강점기 1:5만 지형도)

그렇다면 일제강점기 1:5만 지형도 위의 음성읍치는 어떤 모습일까요?

그림 76에서 망산을 주산으로 보면 동쪽으로 설성산성까지 산줄기가 뻗어 있기는 하지만 읍치를 감싸는 느낌은 없습니다. 그리고 망산에서 서쪽으로 뻗은 산줄기도 마찬가지입니다. 그렇다면 좌청룡과 우백호를 설정하기가 어렵다는 의미이고 하천이 읍치 서북쪽 멀리에서 흘러들어오니 맞은편의 산을 안산으로 보는 것도 미흡합니다. 따라서 풍수점수를 주산만 설정할 수 있는 25점으로 주는 것이 타당할 것입니다.

그렇다면 저런 25점의 풍수점수를 100점+α로 만들려면 어떻게

그림 77 현대 지도 속 음성(네이버 지도)

해야 할까요? 좁은 범위에서는 정말 어려우니 범위를 최대한 넓혀서 그리려고 했을 것입니다. 『해동지도』의 음성 지도가 풍수점수 100점+α로 그려내기 위해 잡았던 범위의 산과 산줄기, 하천의 모습을 현대 지도에서 살펴보겠습니다.(그림 77)

그림 75의 그림식 지도에 그려진 음성의 영역은 그림 77의 현대 지도와 거의 비슷합니다. 두 지도를 비교해보면 청양과 마찬가지로 읍치의 좁은 범위가 아니라 고을 전체에 걸쳐 넓은 범위를 명당

형국으로 잡고 있습니다. 그리고 필요 없는 산과 산줄기, 하천을 없애거나 방향과 위치를 재배치하여 그렸습니다. 이렇게 하니 풍수점수가 25점에서 100점+α로 엄청나게 높아졌습니다.

이제 앞에서 미뤄두었던 읍치의 이동 시기에 대해 설명하겠습니다. 관들에 있던 읍치는 과연 언제 조선시대의 읍치 지역으로 이동했을까요? 해답의 실마리는 조선시대 읍치의 풍수점수가 25점밖에 되지 않는다는 것에 있습니다. 이것은 풍수의 명당 논리에 따라 터를 잡기 시작한 세종 이전에 관들에서 조선시대의 읍치 지역으로 이동했다는 의미입니다. 물론 정확한 시기는 알 수 없습니다.

1872년의 읍성 지도도 살펴보겠습니다.(그림 78)

구체적으로는 약간씩 다르지만 고을 전체의 산과 산줄기를 대상으로 풍수의 명당 형국을 구현하려 했다는 점은 그림 75의 『해동지도』의 읍성 지도와 비슷합니다. 그리고 어떤 산을 주산으로 설정해야 할지 좀 애매하긴 하지만 읍치가 북쪽의 가섭산을 중심으로 산과 산줄기로 둘러싸여 있는 것이 분명하고, 서남쪽과 남쪽으로는 산줄기가 이중으로 되어 있습니다. 아쉽다면 동쪽의 좌청룡에 해당하는 고산성의 수정산이 너무 가까워 주산과 좌청룡 사이에서 명당수가 흘러내리는 모습이 그려지지 않았다는 점입니다. 종합적으로 볼 때 100점은 어렵지만 100점에 가까운 풍수점수를 줄 수는 있을 것 같습니다.

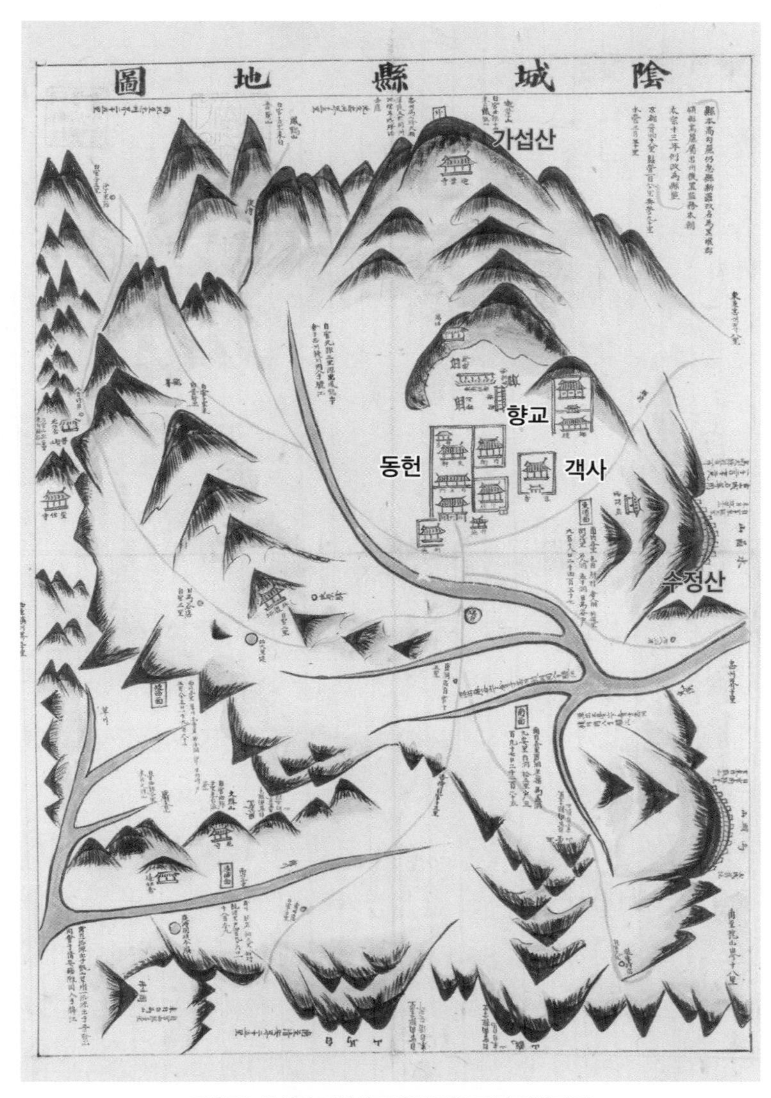

그림 78 음성의 그림식 고을지도(1872년 지방지도)

금구, 골짜기를 완전히 지우고 비보숲을 조성하여 명당을 그리다

이번에 소개하는 고을은 그 지역 사람들을 제외하면 아마 아는 분이 거의 없을 것입니다. 1914년의 행정구역 개편 때 김제로 편입되면서 사라진 고을인데, 모악산과 금산사가 있는 전라북도의 금구 고을로 가보겠습니다. 먼저 김제시 금구면 금구리에 있던 일제강점기 1:5만 지형도 위의 금구읍치 모습부터 살펴보겠습니다.(그림 79)

금구읍치의 고대 산성은 금구산성이었습니다. 따라서 고려시대의 어느 시기에 부근에서 가장 가까운 평지로 내려왔음을 알 수 있습니다. 동남쪽의 높은 산지에서 발원한 하천이 골짜기를 타고 서북쪽으로 흐르다가 읍치 북쪽을 감싸면서 휘돌아 서쪽으로 빠져나갑니다. 이런 지형에서 금구읍치는 남쪽의 산을 주산으로 설정할 수밖에 없습니다. 이 책에서 이런 사례는 처음이지만 전국적으로 이런 경우를 자주는 아니지만 가끔은 만날 수 있습니다.

남쪽의 산을 주산으로 설정하더라도 하천이 읍치의 동·서·북

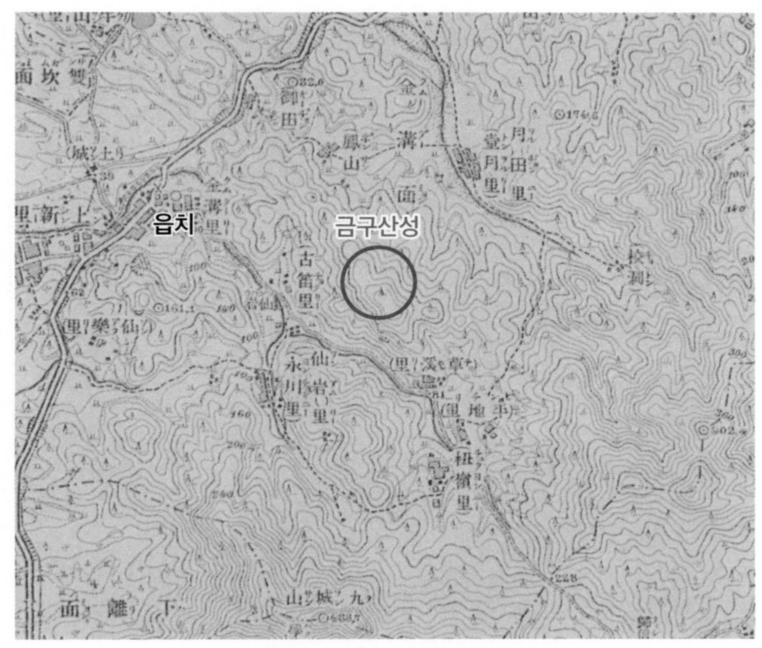

그림 79 금구읍치의 입지(일제강점기 1:5만 지형도)

쪽을 휘감고 있기 때문에 좌청룡-우백호-안산을 설정할 수 없습니다. 그러므로 풍수점수는 25점밖에 줄 수 없는데, 동헌의 방향이 남쪽을 등지고 북쪽을 향해 있지도 않았습니다. 따라서 동헌의 방향까지 고려하면 풍수점수는 0점입니다. 그렇다면 그림식 고을지도에서는 저렇게 낮은 풍수점수의 금구읍치가 어떻게 그려져 있을까요? 먼저 『해동지도』의 금구 지도부터 살펴보겠습니다.(그림 80)

동면(東面)이 위쪽에 표시되어 있으니까 대체적으로 동쪽을 위쪽에 배치했다고 볼 수 있습니다. 이렇게 방향까지 바꾼 것은 금

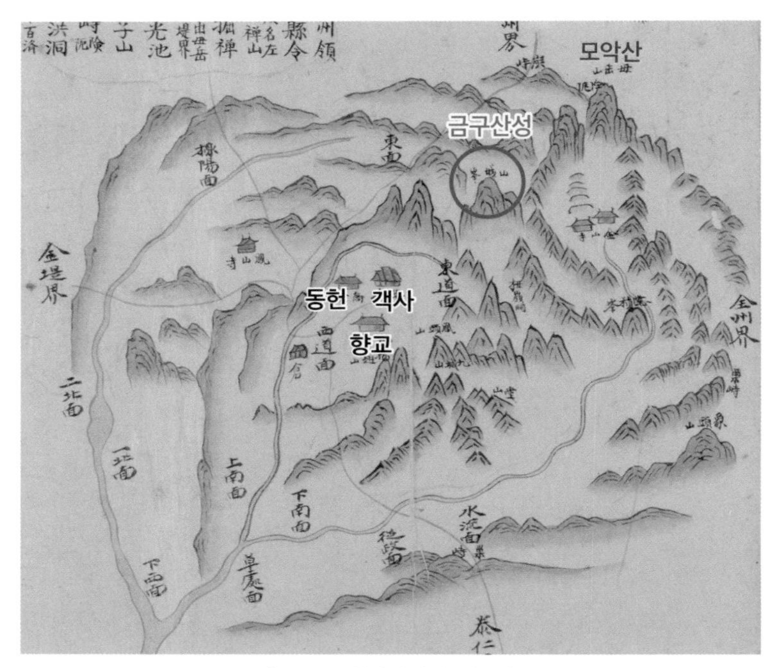

그림 80 금구읍치의 입지(『해동지도』)

구 고을 최고의 상징인 동남쪽의 모악산에서 읍치까지 뻗어 내린 산줄기를 중요하게 여겼기 때문입니다. 읍치를 휘돌아 나가는 하천만 제외하면 동쪽(위)의 주산을 중심으로 좌청룡-우백호-안산의 흐름이 거의 완벽합니다. 하천 때문에 풍수점수 100점을 주기는 어려울 것 같지만 100점에 가깝게 줄 수는 있을 것입니다. 25점이나 0점의 고을 읍치를 100점에 가까운 읍치로 완벽하게 변모시킨 것입니다.

하천이 읍치를 감싸고 휘돌아가는 것은 사실에 가깝게 그렸지만 읍치를 둘러싼 산과 산줄기는 풍수점수를 100점으로 만들기 위해 정말 많은 변형을 가했습니다. 하천의 상류는 아주 긴 골짜기인데 저 지도를 보고 그런 사실을 누가 상상할 수 있겠습니까? 또한 하천 왼쪽(북)에 실제로는 저렇게 가깝게 산줄기가 형성되어 있지 않았습니다. 고을 전체적인 관점에서 풍수점수를 매기면 읍치를 중심으로 이중으로 산과 산줄기가 감싸고 있으니 100점을 넘어 100점+α를 주어도 무방할 것 같습니다. 만약 읍치 지역의 하천을 아예 그리지 않았다면 고을 전체뿐만 아니라 읍치 지역까지도 100점+α의 점수를 줄 수 있을 것입니다. 정말 놀라운 변신입니다. 1872년의 금구 지도도 살펴보겠습니다.(그림 81, 82)

그림 81은 읍치 부분을 확대한 것이고, 그림 82는 지도 전체입

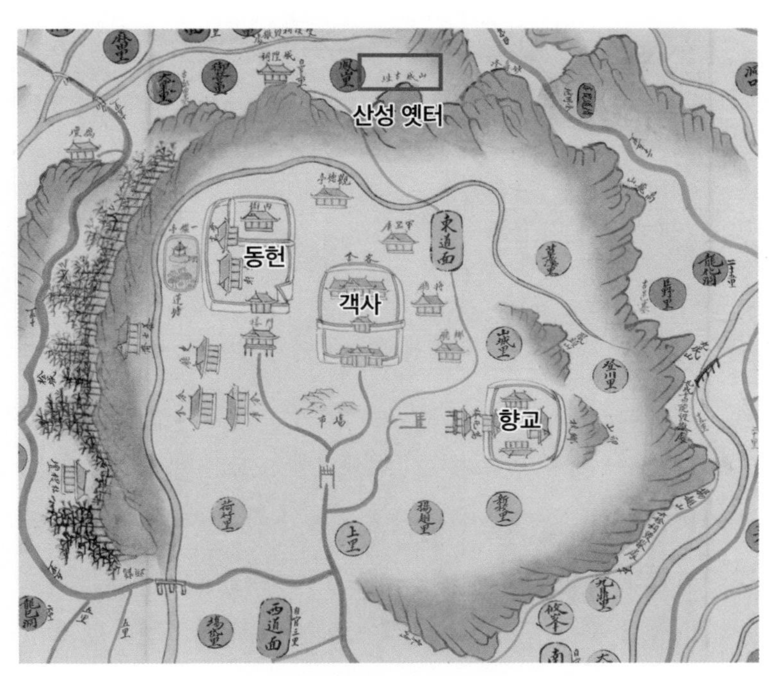

그림 81 금구의 그림식 고을지도 속 읍치(1872년 지방지도)

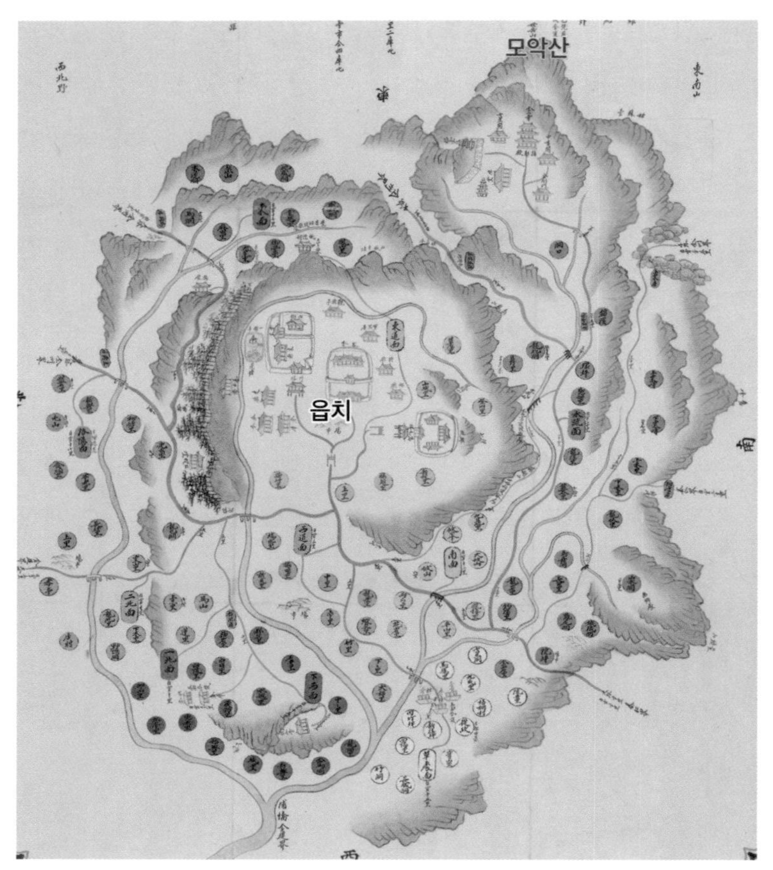

그림 82 금구의 그림식 고을지도(1872년 지방지도)

니다. 『해동지도』의 금구 지도와 마찬가지로 동쪽을 위로 향해 그렸습니다. 역시 동남쪽의 모악산에서 읍치까지 뻗어 내린 산줄기를 중요하게 여긴 까닭입니다. 읍치를 감싸고 흐르는 하천을 생략하지 않고 동쪽을 주산으로 삼아 좌청룡-우백호-안산을 설정한 것도 같습니다. 다만 차이가 있다면 우백호〔왼쪽〕가 실제의 산과 산줄기가 아니라 하천가에 조성한 멋진 비보숲으로 되었고, 읍치 공간을 상대적으로 훨씬 더 넓게 보이도록 그렸다는 점입니다. 『해동지도』의 금구 지도도 풍수점수 100점+α를 만들기 위해 엄청난 변형을 가했는데, 이 지도는 그것보다 훨씬 더 심한 것 같습니다. 그저 놀라울 따름입니다.

금구읍치를 휘돌아 감은 하천의 서쪽과 서북쪽은 산과 산줄기가 꽤 멀리 떨어져 있는 평지입니다. 따라서 풍수의 명당 논리 관점에서는 허할 수밖에 없는데, 이 문제점을 극복하기 위해 아예 하천가에 비보숲을 만들어 우백호의 역할을 하도록 만든 것입니다. 비보숲이 그려져 있지 않은 『해동지도』의 금구 지도를 제작할 때보다 풍수에 대한 인식이 확실히 더 강해진 것을 확인할 수 있습니다.

장성, 비보숲으로 풍수점수를 무려 75점이나 올리다

이번에는 전라남도 장성 고을을 살펴보겠습니다. 장성 고을의 읍치는 장성군 장성읍의 수산리와 성산리에 걸쳐 있었는데, 일제강점기 1:5만 지형도에서 먼저 살펴보겠습니다. (그림 83)

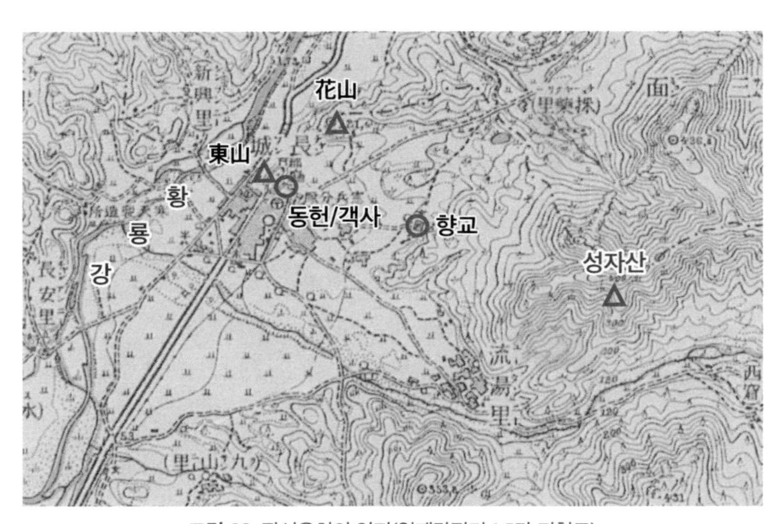

그림 83 장성읍치의 입지(일제강점기 1:5만 지형도)

동헌과 객사 뒤에 한자로 東山(동산)이라고 써놓았는데, 굳이 한자로 써놓은 것은 장성읍치를 설명하는 데 필요하기 때문입니다.

'동산'이라는 단어는 '옛날에 금잔디 동산에 매기 같이 앉아서 놀던 곳'으로 시작하는 미국민요 번안가요인 '매기의 추억'이라는 노래 때문에 모르는 사람이 없을 것입니다. 국어사전에는 동산이 '마을 부근에 있는 작은 산이나 언덕'으로 나옵니다. 그런데 동산의 우리말 이름이 무엇인지 아는 사람이 없습니다. 우리말 이름이 원래 있었을 것이라는 생각조차 못합니다. 동산(東山)의 한자 뜻을 풀이하여 마을의 동쪽에 있는 산을 가리키는 것이라고 보는 경우가 일반적입니다. 놀라지 마세요. 동산의 우리말 이름은 '똥뫼'였습니다. '똥뫼'를 한자 동녘 동(東) 자의 소리와 뫼 산(山) 자의 뜻을 빌려 표기한 것이 동산입니다.

'똥뫼'가 '똥이 많은 산'이라는 뜻은 아닙니다. 산이 저만치 멀리 있는 들판 가운데에 똥을 싸놓은 것 같이 작은 산이 있을 때 옛날 사람들이 그 산을 똥뫼라고 불렀습니다. 저 지도 위의 東山(동산)이 바로 그런 똥뫼의 뜻과 딱 어울리는 산입니다. 높이가 50m쯤 되는 작은 산이고, 바로 동북쪽 花山(화산)과의 사이에는 작은 하천이 있어서 두 산이 산줄기로 연결되지도 않습니다. 저 지도 위의 똥뫼처럼 들판에 있는 작은 산은 전국적으로 많기 때문에 똥뫼라 불리는 산도 흔했습니다. 똥뫼를 부르기 쉽게 똥미 또는 똥매라고 하는 경우도 있고, 한자로는 보통 東山(동산)이라고 쓰지만 비슷한 소리의 獨山(독산) 등 다른 한자로 표기한 경우도 있습니다. 똥뫼는 지금은 청결을 우선하는 분위기 때문에 사람들이 좋아할 이름으로 보이지는 않습니다. 하지만 정겨운 이름으로 들리지 않나요?

花山(화산)을 한자로 써놓은 것도 장성읍치를 설명하는 데 필요하기 때문입니다. 화산이라는 한자 지명도 여기저기 꽤 있는데, 사람들은 자꾸 산이 꽃 모양이어서 그런 이름이 붙은 것으로 생각합니다. 특히 풍수가 유행하면서 꽃 모양의 명당 형국으로 생각하려는 경향이 있습니다. 화산의 우리말 이름은 곶매 또는 꽃매였습니다. 여기서 매는 산의 우리말인 '뫼'가 발음하기 쉽게 변한 것이고, 곶이나 꽃은 우리말 '고지' 또는 '구지'를 붙여서 발음한 것입니다. 'ㅇㅇ고지'나 'ㅇㅇ구지'는 전국적으로 가장 흔한 지명 중의 하나였는데, 한자로 표기하는 경향이 강해지면서 거의 다 사라졌습니다.

하나의 사례를 말씀드리면 '장산곶매'입니다. 장산곶은 황해도 장연군에서 서해 바다로 아주 길게 뻗어나간 땅을 가리키는데, 우리말 '고지' 또는 '구지'를 한자의 소리를 따서 표기한 것이 '곶(串)'입니다. 요즘 단어로 하면 반도(半島)를 가리킵니다, 육지에서도 벌판으로 길게 뻗어나간 산줄기가 있을 경우 '고지' 또는 '구지'를 붙였습니다. 저 지도 위의 곶매 또는 꽃매(花山)란 이름도 바로 벌판으로 길게 뻗어나간 산줄기 끝의 산이기 때문에 붙인 것입니다.

이제, 똥뫼인 동산과 곶매인 화산에 대한 설명을 지도 위의 장성읍치에 대한 풍수점수와 연결해 생각해보겠습니다. 허허벌판의 똥뫼 앞에 동헌과 객사가 있으니까 주산은 설정할 수 있습니다. 하지만 똥뫼의 동북쪽에 있는 곶매와는 산줄기로 연결되지 않으니까 좌청룡은 설정할 수 없습니다. 그리고 똥뫼는 허허벌판에 있는 아주 작은 산이기 때문에 서남쪽으로 뻗은 우백호도, 앞쪽에 솟아난 안산도 있지 않습니다. 따라서 장성읍치의 풍수점수는 25점밖에 줄 수 없습니다.

풍수점수 25점의 고을 장성읍치처럼 벌판에 솟아난 똥뫼 같은 산을 주산으로 삼은 경우는 처음 보는 특이한 사례입니다. 원래 장성과 진원이라는 두 개의 고을이 있었는데, 1600년에 임진왜란으로 피폐해진 두 고을을 합치고 고을 이름은 장성으로 정했습니다. 다만 새 읍치까지 장성의 읍치로 정하면 진원 고을의 사람들이 불만을 제기할 수 있어서 새 읍치는 두 고을의 평등함을 상징적으로 보여주는 경계선에 만들었습니다. 그때 선택된 새 읍치가 바로 지도 위의 읍치인데, 이때만 해도 풍수의 명당 논리가 읍치의 터잡기에 철저하게 적용되지 않았음을 보여주는 좋은 사례입니다.

그렇다면 25점의 장성 새 읍치를 그림식 고을지도에서는 어떻게 그렸을까요? 먼저 『해동지도』의 장성 지도를 살펴보겠습니다.(그림 84)

이 지도는 고을 전체를 보여주는데, 장성읍치의 풍수점수를 몇 점으로 줄까요? 똥뫼를 주산으로 봤을 때 그 앞에 동헌과 객사가 있고 곳매 방향으로 좌청룡을 설정할 수는 있습니다. 하지만 똥뫼에서 우백호〔왼쪽〕와 맞은편의 안산은 아무리 봐도 찾기 힘듭니다. 그렇다면 잘해야 50점을 줄 수 있을 것 같습니다. 이 지도는 읍치 주변이든 고을 전체적으로든 산줄기와 물줄기의 흐름을 실제와

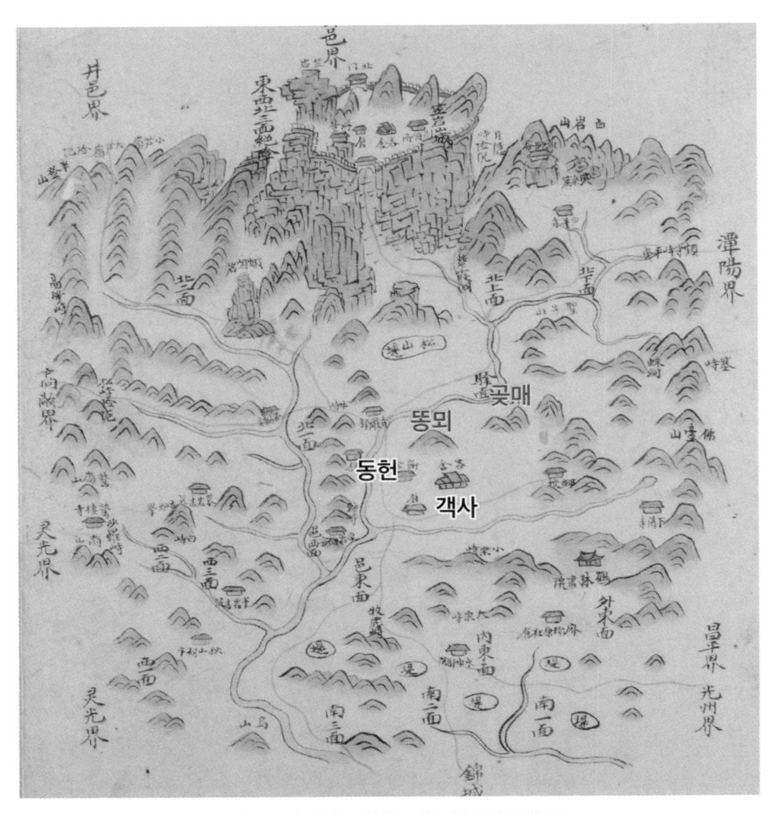

그림 84 장성의 그림식 고을지도(『해동지도』)

비슷하게 그렸을 뿐 풍수의 명당 논리를 적용해서 변형하여 그리려는 의도가 별로 보이지 않습니다. 모든 그림식 고을지도가 당연히 풍수의 명당 논리에 맞게 자유자재로 변형하여 그렸던 것은 아니라는 점을 앞에서 설명했으므로 놀라운 일은 아닐 것입니다. 그럼 1872년의 장성 지도를 살펴보겠습니다.(그림 85)

슬쩍 보기만 해도 읍치의 지형적 단점을 보완하기 위한 비보숲

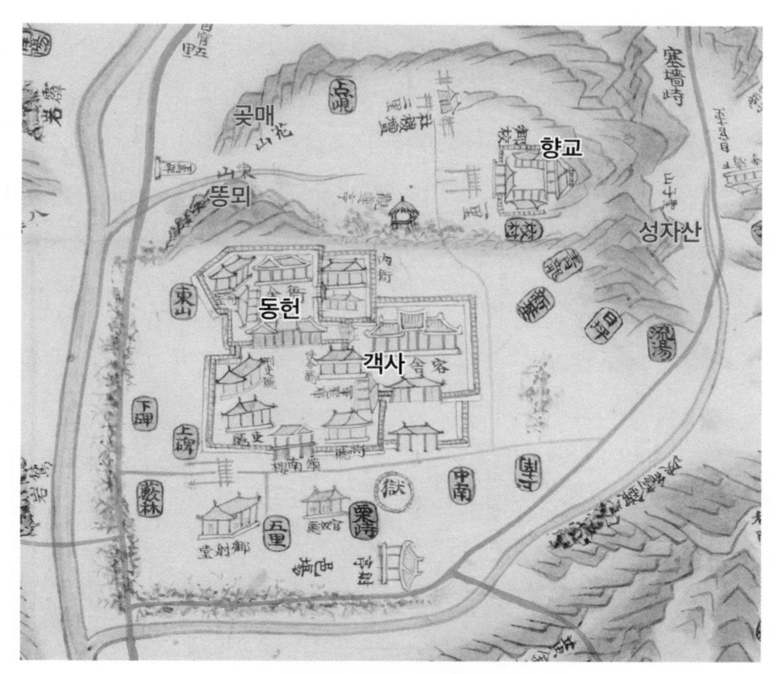

그림 85 장성의 그림식 고을지도 속 읍치(1872년 지방지도)

이 너무나 많이 조성되었음을 한눈에 볼 수 있습니다. 원래 서쪽과 남쪽의 하천가에는 산과 산줄기가 전혀 없습니다. 그런데 그곳에 주산 똥뫼로부터 하천을 따라 비보숲을 만들어 인위적으로 우백호와 안산을 만들었습니다. 또한 주산 똥뫼로부터 동쪽의 성자산까지 연결된 산줄기가 아주 약한데, 그곳도 비보숲으로 연결했습니다. 마지막으로 성자산에서 남쪽으로 비보숲이 하나 더 보이니 좌청룡도 완벽하게 갖추었습니다. 결국 주산-좌청룡-우백호-안산이라는 풍수 명당 형국의 관점에서 보면 당연히 100점이라고 말하지 않을 수 없습니다.

똥뫼 주산밖에 없는 풍수점수 25점짜리 읍치를 인위적인 비보숲을 조성하여 100점짜리로 만들었습니다. 비보숲이나 조산을 통해 풍수점수를 높인 고을을 여기저기 꽤 많이 보았습니다. 하지만 비보숲을 통해 풍수점수를 무려 75점이나 높인 고을은 장성 이외에 찾지 못했습니다. 저 지도를 볼 때마다 놀라울 따름입니다. 읍치의 풍수점수가 낮은 것을 얼마나 안타까워했으면 비보숲을 저렇게나 많이 만들었을까 하는 생각이 저절로 듭니다.

개령, 지형으로 안 되면 비보숲을 만들어서라도 100점+α의 명당을 만들다

이번에는 지역 안배를 위해 경상북도의 개령 고을로 가보려고 합니다. 개령 고을도 지역 사람들을 제외하면 아는 분들이 별로 없을 것입니다. 1914년의 행정구역 개편 때 지금의 김천시로 이름이 바뀐 김산군에 편입되면서 사려졌습니다. 개령 고을의 읍치는 김천시 개령면의 동부리와 서부리에 걸쳐 있었는데, 『해동지도』의 개령 지도부터 살펴보겠습니다.(그림 86)

정말 간단하게 그렸습니다. 북쪽에서 뻗어 내린 산줄기가 읍치 뒤쪽에서 주산으로 솟아나고, 주산에서 좌우로 뻗은 산줄기가 좌청룡과 우백호가 되어 읍치를 감싸며, 앞쪽에는 안산과 그 산줄기까지 읍치를 감싸주는 형세입니다. 산과 산줄기의 관점에서 풍수 점수는 당연히 100점입니다. 다만 감내(甘川)라는 하천이 주산-좌청룡-우백호와 안산 사이를 동서로 가르고 있는 것이 단점이라면 단점입니다. 만약 감내의 단점만 없었다면 이 지도보다 더 풍수의 전형적인 명당 형국으로 그리기도 쉽지는 않을 것입니다.

그림 86 개령의 그림식 고을지도(『해동지도』)

그렇다면 실제 모습은 어땠을까요? 서로 비교하면서 볼 수 있도록 일제강점기 1:5만 지형도에 산과 산줄기의 흐름을 그려 넣었습니다.(그림 87)

그림식 지도가 풍수의 전형적인 명당 형국에 맞도록 그리기 위해 단순화했다는 느낌은 듭니다만 전반적인 흐름에서는 두 지도 사이에 거의 차이가 없습니다. 개령읍치의 고대 산성은 감문산성

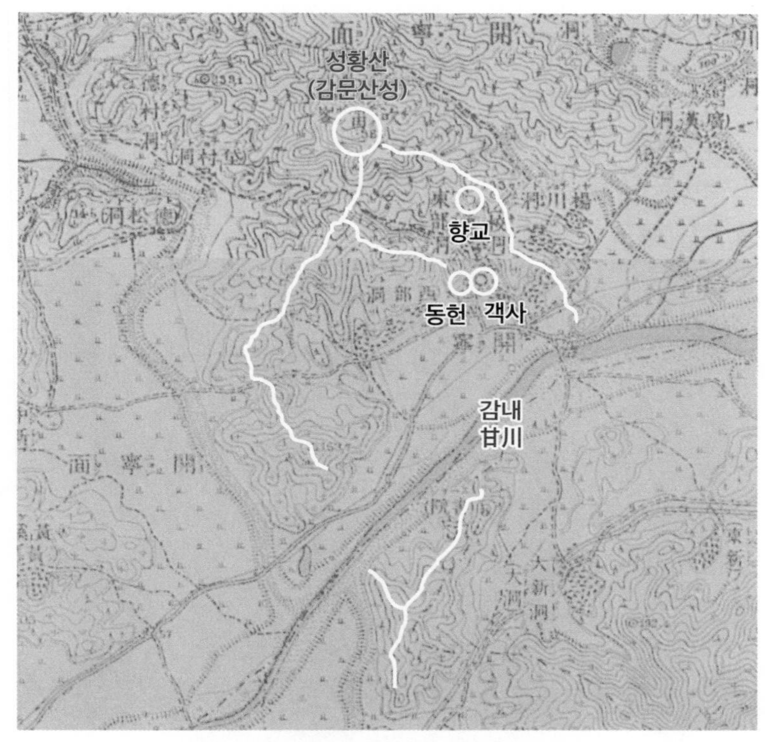

그림 87 개령읍치의 입지(일제강점기 1:5만 지형도)

이었는데, 고려시대의 어느 시기에 그 아래로 내려왔습니다. 그런데 신기하게도 감문산성 아래쪽에 주산-좌청룡-우백호의 형세가 명당 형국에 아주 가까운 지형이 있었던 것입니다. 다만 앞쪽에 감내라는 큰 하천이 서남쪽에서 흘러와 동북쪽으로 빠져나가고 있어서 안산을 설정하기는 어렵습니다. 그래서 풍수점수는 75점을 줄 수 있습니다. 『해동지도』의 개령 지도에서는 감내 건너의 산과 산줄기를 안산으로 설정하여 그려서 풍수점수 100점을 만든 것입니다. 그럼 1872년의 개령 지도는 어떻게 그렸을까요?

그림 88에서는 감문산[성황산]을 주산으로 하여 좌청룡과 우백호가 너무나 분명하고 앞쪽의 감내 강가에는 남숲이라는 비보숲을 만들어 안산의 산과 산줄기로 삼았습니다. 게다가 감문산 뒤쪽의 산에서 외청룡과 외백호의 산과 산줄기까지 뻗어나가니 이보다 더 명당 형국을 그려내기는 정말 어려울 것입니다. 『해동지도』의 개령 지도에서 나타났던 감내의 단점을 극복하기 위해 인위적인 비보숲을 새롭게 만들었음을 알 수 있습니다. 풍수점수는 100점을 넘어 100점+α입니다. 개령 고을의 사람들이 읍치를 얼마나 풍수의 명당 형국으로 보고 싶어 했는지, 그리고 만들고 싶어 했는지 더 이상 무슨 말을 할 수 있겠습니까?

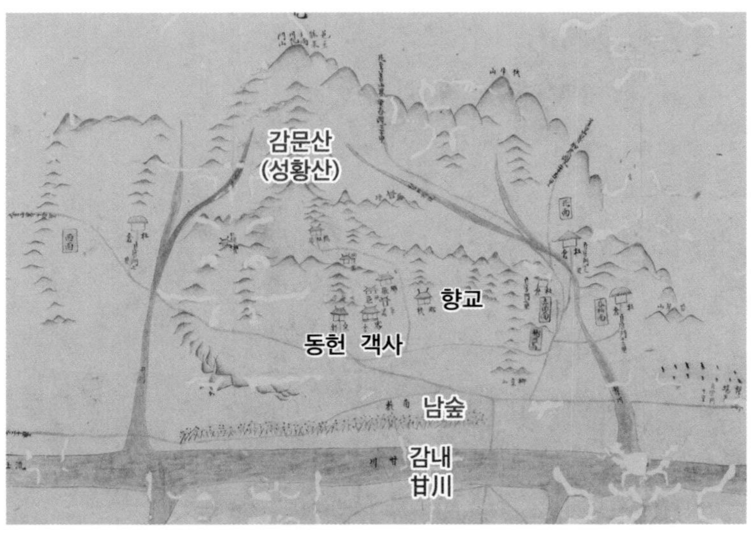

그림 88 개령의 그림식 고을지도 속 읍치(1872년 지방지도)

진주, 150점의 풍수읍치를 만들다

마지막 고을로 경상남도의 진주를 가보겠습니다. 먼저 일제강점기 1:5만 지형도 속 진주의 읍치를 살펴보겠습니다.(그림 89)

그림 89를 보면 진주읍치의 풍수점수를 몇 점 줄 수 있을까요?

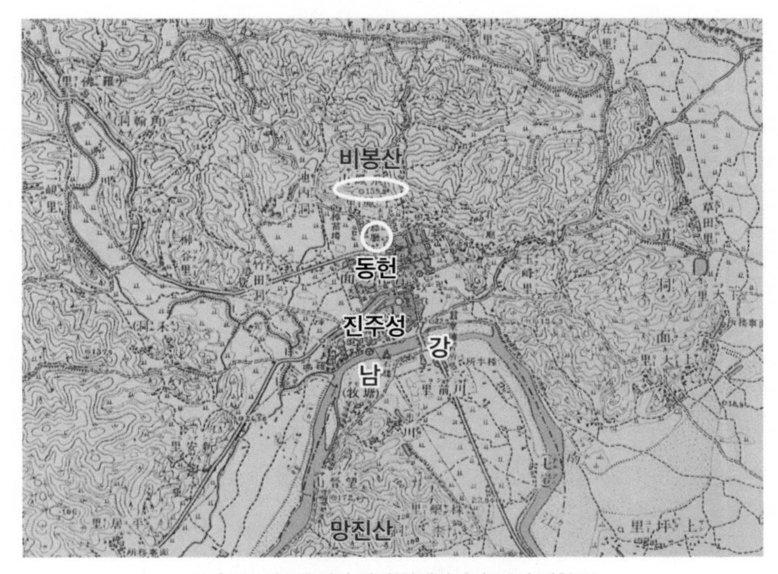

그림 89 진주읍치의 입지(일제강점기 1:5만 지형도)

동헌 북쪽에 솟아난 주산 비봉산으로부터 동쪽과 서쪽으로 뻗은 산줄기가 읍치를 확실히 감싸는 모습을 취하고 있으니, 좌청룡〔동〕과 우백호〔서〕는 확실히 설정할 수 있습니다. 그런데 남쪽의 망진산은 읍치의 관점에서 남강 밖에 있기 때문에 안산이 될 수 없고, 읍치의 남쪽과 남강의 북쪽 사이에 안산으로 설정할 만한 산과 산줄기도 찾을 수 없습니다. 따라서 풍수점수로 75점을 줄 수 있습니다.

고대 읍치의 통치 핵심이 있던 성곽의 경우 대부분 산성이었지만 일부 고을은 절벽 지형의 요새성인 경우도 있었습니다. 대표적인 요새성이 울산광역시 울산의 신학성과 대구광역시 대구의 달성, 경기도 장단의 호로고루성과 마전의 당포성, 그리고 그림 89에 그려진 경상남도 진주의 진주성입니다. 우리는 저 지도를 통해 고대 진주성에 읍치의 통치 핵심이 있다가 고려시대의 어느 시기에 바로 북쪽 지역인 조선시대의 읍치 지역으로 옮겨갔다는 사실을 확인할 수 있습니다. 그런데 그곳에 풍수의 명당 형국에 상당히 가까운 풍수점수 75점의 지형이 우연히 있었던 것입니다.

그렇다면 이런 진주의 읍치가 그림식 고을지도에는 어떻게 그려져 있을까요? 진주의 경우 1872년의 진주 지도는 전해지고 있지 않아서 『해동지도』의 진주 지도만 살펴보겠습니다.(그림 90)

진주 전체를 그린 지도인데, 풍수점수를 몇 점 줄 수 있을까요? 비봉산을 주산으로 좌청룡과 우백호의 모습이 완벽합니다. 그리고 남강 건너에는 망진봉대(望陣烽臺)의 산과 산줄기가 안산으로 그려져 있습니다. 따라서 풍수점수 100점은 확실하게 보입니다. 게다가

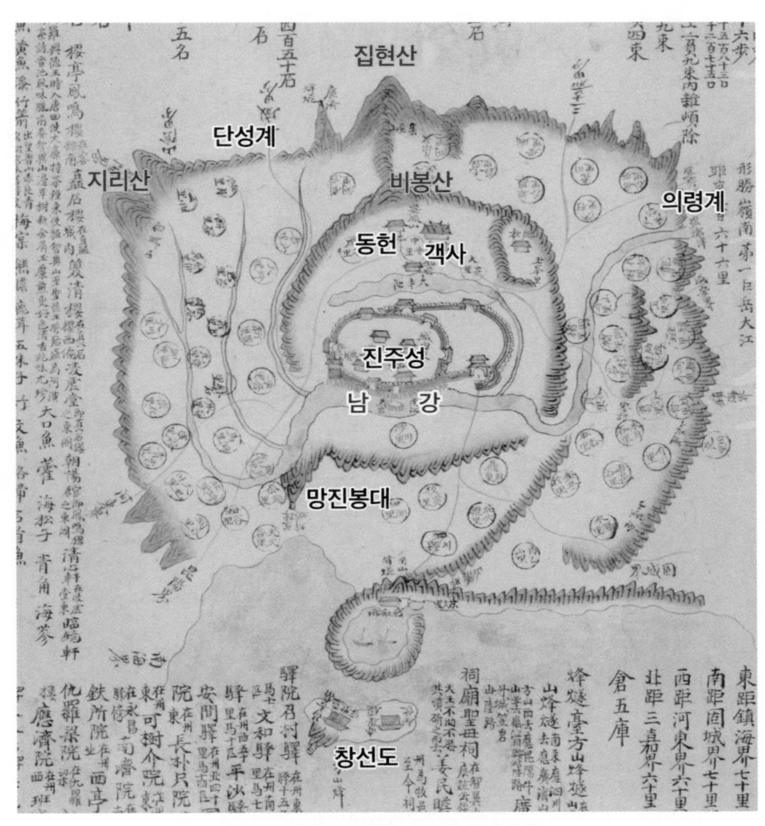

그림 90 진주의 그림식 고을지도(『해동지도』)

집현산(集賢山)을 조산으로 하여 외청룡과 외백호, 남쪽에는 외안산까지 있어 100점을 더하고 싶습니다. 다만 남강이 외청룡을 뚫고 지나가기 때문에 50점을 감점하여 종합적으로 150점을 주고 싶습니다. 정말 감탄스러운 풍수의 명당 형국을 그려냈습니다.

그런데 한편으로는 뭔가 의심스럽지 않나요? 진짜 저런 지형이었을까요? 진주 고을의 영역이 매우 넓기 때문에 『대동여지도』에

그려진 진주의 전체 영역을 보여드리겠습니다.(그림 91)

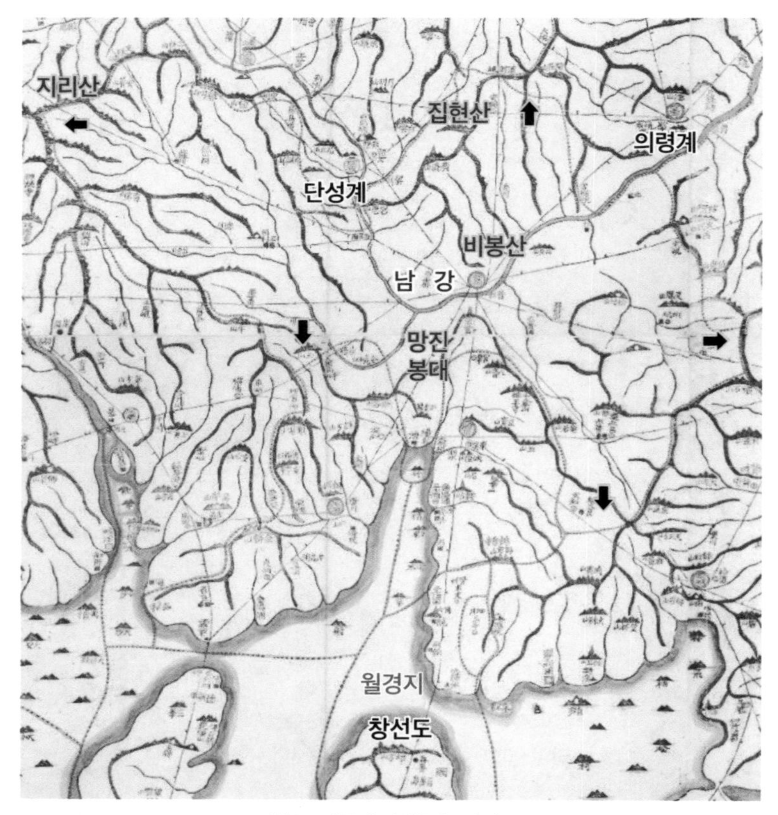

그림 91 진주의 영역(『대동여지도』)

화살표는 진주의 영역 동서남북의 끝 쪽을 표시한 것이고, 남쪽에는 지금의 창선도와 사천시 시내에 월경지가 있었습니다. 그런데 그림 90에서 외안산으로 그려진 산과 산줄기가 바로 이 월경지에 있는 것입니다. 그리고 남강이 서북쪽 단성 고을로부터 흘러들었는데, 그림 90에서는 마치 진주 영역 안에서 발원하는 것처럼 그렸습니다. 독자 여러분들은 풍수점수를 최대한 올리기 위해 자유자재로 변형을 가한 대표적인 사례를 보고 있는 것입니다. 대단하기도 하고 황당하기도 하지 않나요?

풍수점수 0점의 고을을 그린 그림식 고을지도에서 이미 많이 경험했던 것을 풍수의 전형적인 명당 형국에 가까운 75점의 고을에서도 볼 줄은 몰랐습니다. 그만큼 풍수의 명당에 대한 강박관념이 엄청나게 컸다는 의미입니다. 역으로 풍수의 전형적인 명당 형국이라는 유토피아를 그려내기 위해 고을의 전체 모습, 산과 산줄기, 하천의 흐름을 저렇게 자유자재로 변형시킨 것을 창의적인 예술혼이라고 부르면 이상할까요?

4부

풍수의 명당 논리에 맞는 읍치를 찾아라

낙안, 보령, 거제, 울산, 양주, 광주를 중심으로

풍수의 명당 논리에 따라
읍치터를 잡은 고을, 생각보다 많지 않았다

2부에서 살펴본 풍수점수 0점의 고을이든, 3부에서 알아본 25점에서 75점까지의 고을이든 공통점은 모두 풍수의 명당 논리에 따라 읍치의 터가 선택되지 않았다는 점이었습니다. 그렇기 때문에 풍수적 결함을 모두 갖고 있었고, 이를 극복하기 위해 다양한 비보풍수를 행했습니다. 특히 0점이나 25점의 고을들은 풍수의 요소를 전혀 또는 거의 갖추고 있지 않은 것이기 때문에 극단적인 형태의 다양한 비보풍수를 만났습니다.

그렇다면 풍수의 명당 논리에 따라 읍치의 터를 잡아 지형 자체만으로 100점이나 100점에 가까운 고을은 없었던 것일까요?

독자들께서 솔직하다면 2부와 3부를 읽기 전에는 이런 질문을 던진다는 것 자체가 있을 수 없었을 것입니다. 세계에서 풍수가 가장 발달했던 조선 후기의 유산을 이어받은 대한민국 독자들의 무의식중에는 풍수의 명당 논리에 따라 읍치의 터를 잡는 것이 당연하고 자연스럽다는 생각이 가득 차 있었을 것입니다. 그런데 이제는 거꾸로 풍수의 명당 논리에 따라 읍치의 터를 잡은 고을이 과연 있었는지, 있었다면 얼마나 있었는지 궁금해하는 단계에 와 있으니 스스로 놀라고 있지 않을까 합니다.

결론적으로 이야기하면 그런 읍치가 있었습니다. 하지만 생각보다 많지는 않았습니다. 정확한 통계를 내보지는 않았지만 아마 20~30% 정도 될 것으로 생각합니다. 이미 앞에서 읍치의 터를 잡을 때 풍수의 명당 논리를 적용하기 시작한 것이 세종 임금 때부터였다고 이야기하였습니다. 이런 고을들도 원래의 읍치는 고대 산성으로부터 멀리 떨어진 허허벌판의 평지나, 산성 바로 아래에 있었습니다. 그러다가 어떤 이유에선가 풍수의 명당 논리에 따라 새로운 읍치의 터를 잡아서 옮긴 것입니다.

이 책의 마지막 부분인 4부에서는 풍수의 명당 논리에 따라 읍치의 터를 잡은 고을들을 여행하도록 하겠습니다. 다만 읍치를 옮긴 것이 분명함에도 언제, 어떻게, 왜 옮겼는지에 대한 문헌 기록이 풍부한 고을은 의외로 많지 않습니다. 그래서 문헌 기록이 풍부한 고을 6곳을 골라서 살펴보기로 하겠는데, 풍수의 명당 논리에 따라 새 읍치의 터를 잡았다고 하더라도 무조건 풍수점수 100점의 고을이 되는 것은 아닙니다. 고을 안에서 풍수점수 100점의 읍치가 들어설 지형을 갖춘 곳을 찾기가 생각보다 쉽지는 않습니다. 그렇다고 해서 0점, 25점, 50점이 되는 경우는 없고, 최소 75점+α 또는 100점-α 정도는 됩니다.

100점의 명당, 낙안읍성을 낙안 사람들이 거부하다

첫 번째의 사례로 지금은 전라남도 순천시에 속한 낙안 고을로 가보겠습니다. 먼저 낙안 읍치가 있던 순천시 낙안면의 낙안읍성 지역과 주변 지형을 살필 수 있는 일제강점기 1:5만 지형도부터 살펴보겠습니다.(그림 92)

낙안읍성을 중심으로 주산-좌청룡-우백호-안산의 산과 산줄기가 정말 잘 갖추어져 있습니다. 낙안읍성의 동헌은 북북동 방향의 주산(금전산)을 등지고 남남서 방향의 안산(옥산)을 향했는데, 낙안읍성과 그 안의 도로 구조 방향도 동헌의 방향에 맞추었습니다. 이 정도면 풍수점수 100점을 줄 수 있지 않을까요? 2부와 3부에서는 실제 지형만으로 풍수점수 100점을 줄 수 있는 사례를 만나지 못했기 때문에 오히려 신기한 느낌이 들지 모르겠습니다. 그렇다면 낙안 고을의 읍치가 있던 낙안읍성은 언제 건설된 것일까요?

앞에서 했던 이야기를 떠올려 보면 풍수점수 100점의 낙안읍성은 세종 임금 때나 그 이후에 건설된 것으로 짐작할 수 있습니다.

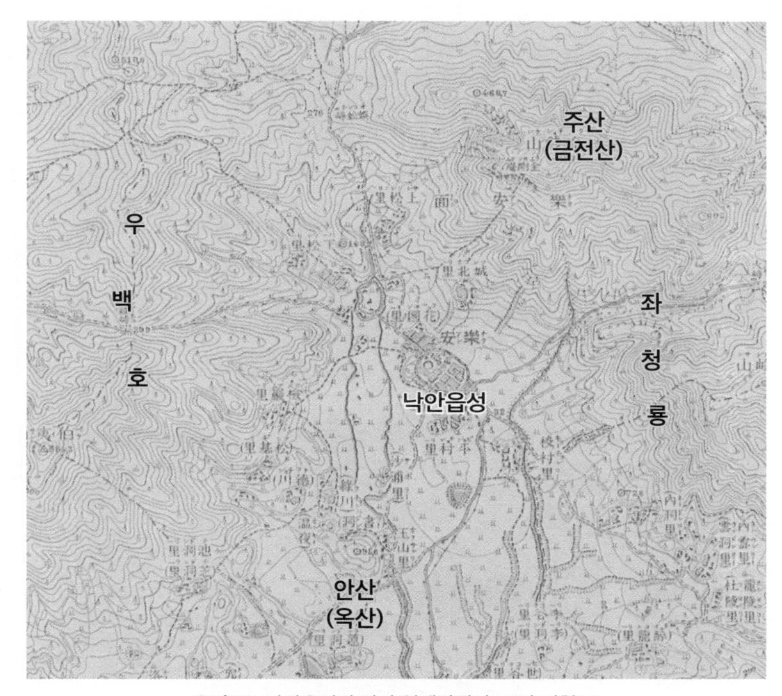

그림 92 낙안읍성의 입지(일제강점기 1:5만 지형도)

바로 세종 임금 재위 7년인 1424년 10월 1일에 완공되었습니다. 원래의 읍치는 다른 곳에 있었는데, 세종 임금의 명으로 풍수의 명당 논리에 따라 새로운 터를 잡아 옮기면서 낙안읍성의 구조도 철저하게 계획하여 만들었습니다. 그럼 낙안 고을의 옛읍치는 어디에 있었을까요? 그림 93의 지도를 한 번 살펴보겠습니다.

낙안의 옛 읍치는 보성군 벌교읍의 고읍리에 있었고, 바로 남쪽에는 낙안의 고대 산성인 전동리산성이 있습니다. 이쯤 되면 낙안의 옛 읍치가 왜 고읍리에 있게 되었는지 설명하지 않아도 될 것

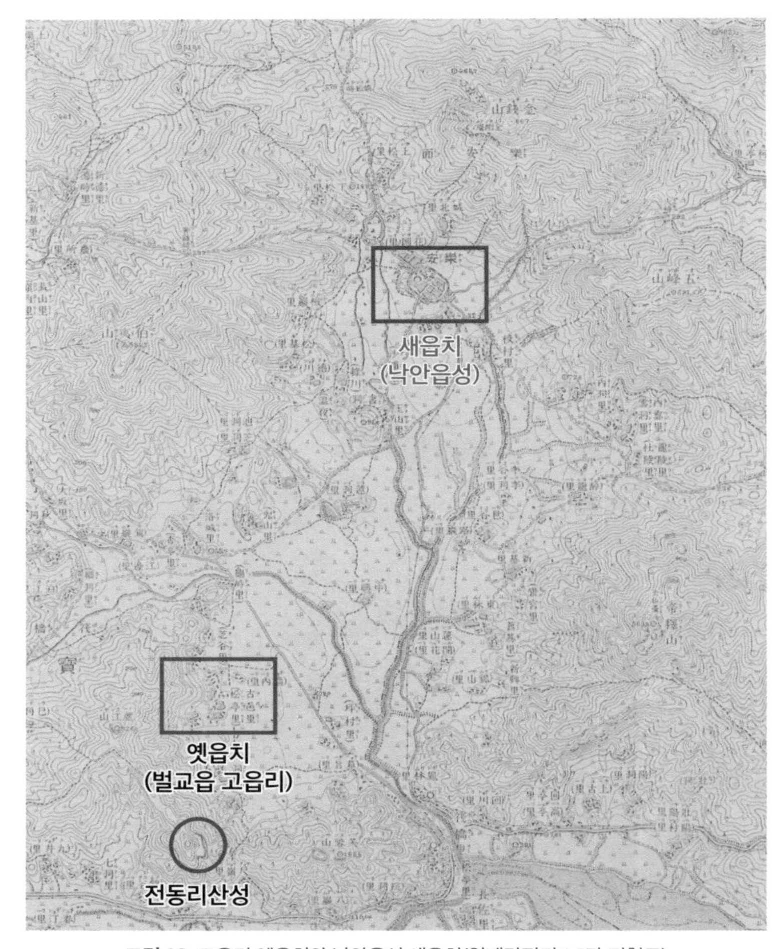

그림 93 고읍리 옛읍치와 낙안읍성 새읍치(일제강점기 1:5만 지형도)

같습니다. 고읍리는 서쪽의 주산과 남쪽의 우백호를 설정할 수는 있지만 낙안들이 펼쳐진 북쪽의 좌청룡과 동쪽의 안산은 설정할 수 없습니다. 따라서 풍수점수는 50점을 줄 수 있습니다.

1424년 9월 4일에 "전라도 낙안군의 읍성은 흙으로 쌓은 것인데, 낮고 작아서 왜구가 쳐들어온다면 지키기 어려우니 옛터를 조금 넓히고 돌을 섞어 성을 쌓게 해주십시오."라는 전라도 관찰사의 보고서가 세종 임금에게 올라왔습니다. 그러자 세종 임금은 '올커니~' 하면서 풍수의 명당 논리에 따라 새로운 터를 선정하여 낙안읍성을 만들고 읍치를 옮기도록 했습니다.

그런데 세종 임금이 돌아가시고 1년 8개월이 지난 1451년(문종 1) 11월 5일에 낙안 고을의 향리들로부터 "낙안읍성 안에 우물과 샘이 없으니 고을의 중심지를 옮기고 싶습니다."라는 내용의 탄원서가 문종 임금에게 보고되었습니다. 세종 임금이 풍수점수 100점의 선물로 안겨준 낙안읍성을 낙안군의 향리들이 거부한 것입니다. 이들이 옮겨가고 싶었던 곳은 자신들의 조상이 대대로 살아왔던 고읍리였습니다.

세종 임금이 살아 있을 때는 울며 겨자 먹기식으로 받아들였지만 세종 임금이 죽자 그동안 숨겨왔던 자신들의 진짜 속마음을 담아 탄원서를 올린 것입니다. 하지만 아버지 세종 임금의 정책을 계승하고자 했던 문종 임금은 여러 논의를 거쳐 최종적으로 받아들이지 않았습니다. 당시 공조판서 정인지는 문종 임금께 낙안 향리들의 탄원 내용에 대해 합리적으로 거절하는 묘책을 이렇게 제시했습니다.

얼마 전에 충청도 보령의 향리들도 읍성터 선정의 최고 전문가들이 심사숙고하여 새로 정해준 보령읍성에 우물과 샘이 없다고 핑계하면서 옛터로 옮겨가고 싶다는 탄원서를 올린 적이 있습니다. 그래서 풍수 전문가 김득수를 보내어 수맥(水脈)[1]을 찾게 했더니, 땅을 파서 샘을 금방 얻을 수 있었습니다. 그 결과를 접한 보령의 향리들은 어쩔 수 없이 옛터로 옮겨가고 싶다는 자신들의 의견을 철회하지 않을 수 없었고, 이후 다시는 보령읍성을 떠나겠다고 말하지 않게 되었습니다. 이번에도 김득수를 보내어 수맥을 찾아 땅을 파서 샘을 얻게 하면 문제가 쉽게 풀릴 것 같습니다. 저의 묘책을 어떻게 생각하십니까.

정인지의 묘책을 들은 문종은 곧바로 고개를 끄덕이며 그대로 시행하라고 명하였습니다. 이로써 낙안 향리들의 염원은 없던 일로 되어 버렸습니다. 이후 낙안읍성은 일제강점기 전국적인 행정구역 개편의 하나로 낙안 고을을 혁파하여 순천과 보성에 나누어 합하는 1914년까지 낙안 고을의 읍치로 계속 존재했습니다. 그렇다면 이렇게 완벽했던 낙안읍성에 대한 그림식 고을지도는 어떻게 그렸을까요? 먼저 『해동지도』의 낙안 지도를 살펴보겠습니다.(그림 94)

그림 92, 93의 일제강점기 1:5만 지형도를 보면 낙안읍성을 중심으로 한 풍수의 명당 형국에서 눈에 띄는 단점 하나가 있습니다. 보통 풍수의 전형적인 명당 형국에서는 주산-좌청룡-우백호-

---

1 수맥(水脈) : 겉으로 눈에 보이는 물줄기가 아니라 산줄기 속으로 혈맥처럼 흐르는 물줄기를 말한다.

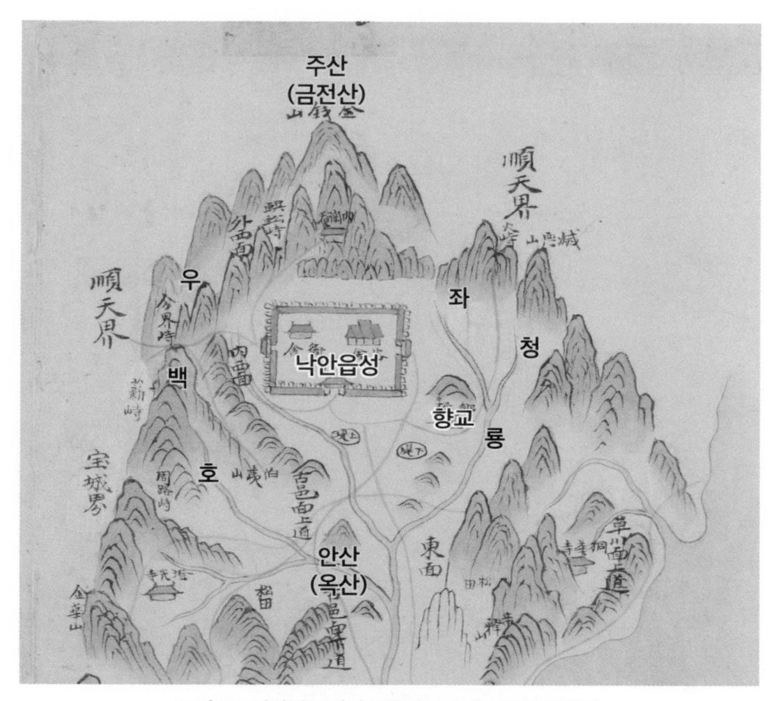

그림 94 낙안의 그림식 고을지도 속 읍성(『해동지도』)

안산의 산과 산줄기가 안쪽의 명당을 완벽하게 감싸서 밖에서 안이 거의 보이지 않도록 합니다. 그런데 낙안읍성은 남쪽과 남동쪽을 가리는 산과 산줄기가 없어서 이 방향의 바깥쪽에서 안쪽이 보입니다. 『해동지도』의 낙안 지도를 보면 그런 단점을 어떻게 보완했는지 금방 알 수 있습니다.

첫째, 안산(옥산)과 좌청룡 사이를 실제보다 좁게 그렸고 둘째, 낙안읍성 동남쪽의 향교 부분에 확 트이지 않은 것처럼 보이기 위해 작은 봉우리와 산줄기를 그려 넣었습니다. 향교 지역에 작은 두 하천의 물을 가르는 분수계가 있는 것은 사실이지만 봉우리로 그릴 만한 크기는 아닙니다. 다음으로 1872년의 낙안 지도를 살펴보겠습니다. (그림 95)

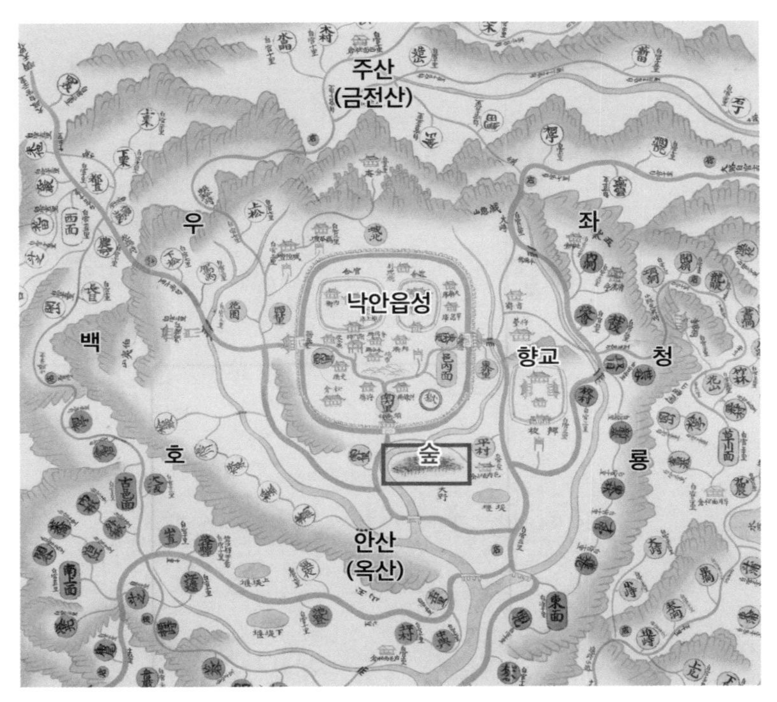

그림 95 낙안의 그림식 고을지도 속 읍성(1872년 지방지도)

『해동지도』의 낙안 지도와 비교하여 좀 다른 것이 보입니다.

첫째, 안산(옥산)과 좌청룡 사이가 더 좁아져 안쪽의 낙안읍성이 밖에서 거의 보이지 않는 것처럼 그렸습니다. 둘째, 우백호와 안산(옥산)이 끊어짐 없는 산줄기로 힘차게 이어졌습니다. 셋째,

향교 방향의 봉우리와 산줄기는 약화되었지만 낙안읍성 바로 동남쪽에 사각형으로 표시한 숲이 추가되어 있습니다.

두 번째부터 설명하겠습니다. 일제강점기 1:5만 지형도를 보면 우백호에서 안산인 옥산으로 연결된 산줄기가 주산–좌청룡–우백호에 비해 상대적으로 아주 낮아서 약해 보입니다. 이것은 풍수의 전형적인 명당 형국에서는 당연히 단점입니다. 그래서 1872년의 낙안 지도에서는 약하지 않게 힘차게 연결된 것처럼 표현한 것입니다. 다음으로 첫 번째의 것은 누가 봐도 알 수 있는 것이니 더 이상 설명할 필요가 없을 것 같습니다. 세 번째의 숲은 비보숲인데, 어떤 기능을 했을까요?

낙압읍성의 남쪽과 동남쪽이 탁 트인 단점을 『해동지도』와 1872년의 낙안 지도에서는 안산인 옥산과 좌청룡의 산줄기를 되도록 가까이 좁혀서 그림으로써 극복할 수 있었습니다. 하지만 실제에서는 산줄기를 마음대로 옮길 수 없기 때문에 탁 트인 단점을 다른 방법으로 보완할 필요가 있습니다. 1872년의 낙안 지도에 낙안 읍성 동남쪽의 인공적인 숲이 바로 그런 역할을 하는 비보숲이었습니다. 저 비보숲은 낙안읍성의 동남쪽 바로 모퉁이에 있는 들말(野村)에 있었는데, 지금은 모두 사라져서 그 흔적을 찾기가 어렵습니다. 낙안읍성은 우리나라에서 가장 잘 복원된 읍성 유적일 뿐만 아니라 다른 유형의 유적과 비교해도 관광객 수의 관점에서 꽤 상위권에 드는 관광지입니다. 만약 저 비보숲이 지금도 있다면 관광객들에게 더 많은 이야기를 전해줄 수 있을 텐데 하는 아쉬움이 듭니다.

고을 사람들이 낙안읍성처럼 거부했다는 곳, 보령읍성을 찾아가다

두 번째의 고을로 문종 임금이 정인지에게 낙안 향리들의 탄원서에 대한 묘책을 제시하라고 했을 때 비슷한 일이 있었던 사례로 제시한 충청도의 보령을 가보겠습니다. 먼저 일제강점기 1:5만 지형도 위의 보령읍성 지역을 살펴보겠습니다.(그림 96)

보령읍성을 중심으로 볼 때 주산인 진당산이 동쪽에 있습니다. 그로부터 북쪽의 우백호와 남쪽의 좌청룡, 서쪽의 안산이 빙 두르듯이 잘 형성되어 있어서 바깥쪽에서 잘 보이지도 않으니 풍수점수 100점을 줄 수 있습니다. 이 정도면 보령읍성이 만들어진 시기도 세종 임금 이후라고 쉽게 추정할 수 있지 않을까요?『세종실록』 12년(1430) 9월 24일의 기록에 다음과 같은 내용이 있습니다.

> (충청도)도순찰사 최윤덕이 보고하기를, "충청도의 비인과 보령 두 고을은 왜구(海寇)가 가장 먼저 발길을 들여놓는 지역인데, 비인 읍성은 평지에, 보령읍성은 높은 언덕〔丘〕에 있어 모두 성터로 맞지

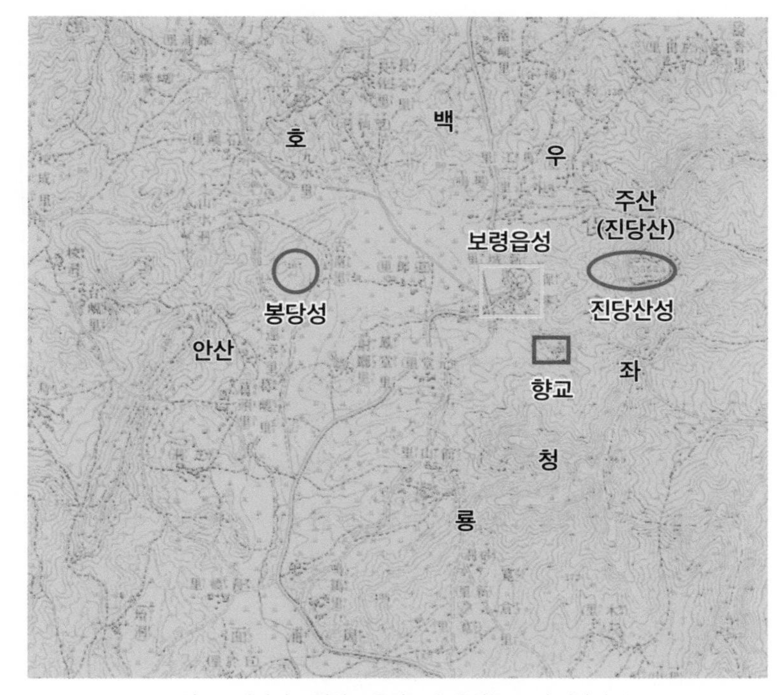

그림 96 낙안의 그림식 고을지도 속 읍성(1872년 지방지도)

않습니다. 또 잡석을 흙과 섞어서 축조하여 작고 좁으며 또한 우물과 샘마저 없으니 실로 영구적으로 안전한 땅은 아닙니다. 비인현 죽사동(竹寺洞)의 새 터와 보령현 고읍(古邑) 지내리(池內里)의 새 터는 3면이 험준한 산을 의지하고 안쪽도 넓으며 샘물 또한 풍족하여 읍성을 설치하기에 알맞습니다. 또한 원래 읍치〔本縣〕와의 거리도 1리를 넘지 않아서 진실로 이사하는 폐단도 없사오니, 앞에서 든 새로운 성터에 본도〔충청도〕에서 농사가 잘된 여러 고을에 (축조할 읍성 구간의) 척수(尺數)를 헤아려 나누어 주어 10월부터 공사를 시작하게 하고, 감사와 도절제사로 하여금 그 축조를 감독하게 하옵소서."

라고 하니 그대로 따랐다.

이 내용에서 보령 부분만을 추려서 앞의 일제강점기 1:5만 지형도와 비교해보면 아주 잘 맞습니다. 우선 보령 고읍은 서해 바다에 접해 있기 때문에 왜구가 쳐들어올 경우 상륙 지점에 해당합니다. 그다음으로 보령읍성은 높은 언덕[丘]에 있어서 성터로 맞지 않는다고 했는데, 산성인 봉당성을 가리킵니다. 이 봉당성은 고대 산성이 아니고 왜구의 침입에 대한 대비책으로 1400년에 만든 산성형 읍성이었습니다. 세종 임금은 이 보고를 받은 후 역시 '올커니~' 하면서 풍수의 명당 논리에 따라 새 읍성의 터를 잡아서 보령 고읍의 읍치를 옮기게 합니다. 그곳이 바로 앞의 지도에서 봤던 보령읍성입니다.

이러한 보령읍성의 풍수 형국에도 낙안읍성처럼 부족한 점이 있었을 수는 있지만 비보풍수에 대한 문헌 기록은 아직까지 발견되고 있지 않습니다. 그렇다면 보령읍성을 중심으로 한 보령 고을의 모습을 그림식 고을지도에서는 어떻게 그리고 있을까요? 먼저 『해동지도』의 보령 지도를 살펴보겠습니다. (그림 97)

동쪽에 있는 주산인 진당산을 위로 배치하여 그렸고, 주산-좌청룡-우백호-안산의 산과 산줄기가 읍성을 완벽하게 감싸며 밖에서 안이 보이지 않게 그렸습니다. 일제강점기 1:5만 지형도에서도 비슷했기 때문에 전체적인 구도에는 큰 변화가 없습니다. 당연하지만 풍수점수로는 누가 봐도 100점입니다. 그렇다면 1872년의

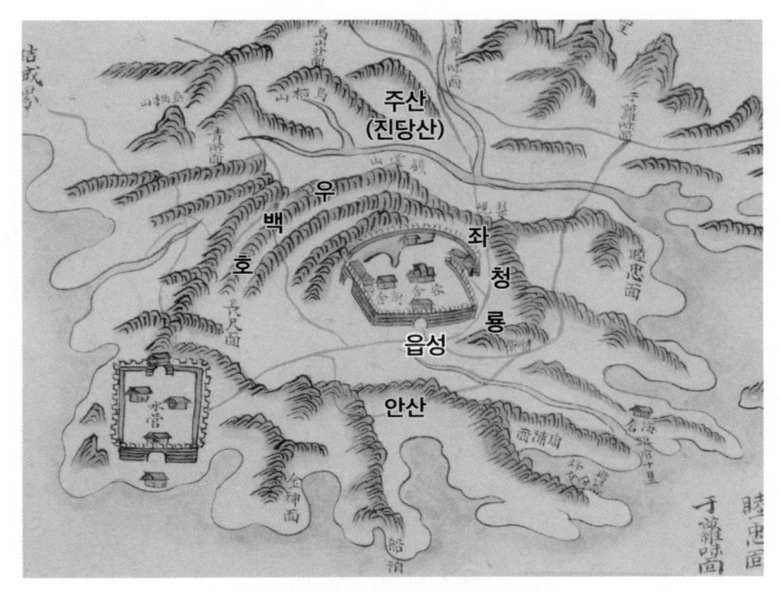

그림 97 보령의 그림식 고을지도(『해동지도』)

보령 지도도 살펴보겠습니다.(그림 98)

『해동지도』의 보령 지도와 표현 방식이 다르긴 하지만 주산-좌청룡-우백호-안산의 산과 산줄기가 풍수의 전형적인 명당 형국에 가까워 밖에서 안이 거의 보이지 않게 그렸다는 점은 다를 바가 없습니다. 따라서 풍수점수는 역시 100점입니다.

그런데 낙안읍성 부분에서 살펴보았듯이 보령의 향리들은 세종 임금이 풍수점수 100점의 선물로 안겨준 새로운 보령읍성에 우물과 샘이 없다고 핑계하면서 옛터로 옮겨가고 싶다는 탄원서를 문종 임금님께 올렸습니다. 결과는 중앙정부가 풍수 전문가 김득수를 보내어 수맥을 찾아내서 다시는 보령읍성을 떠나겠다고 말

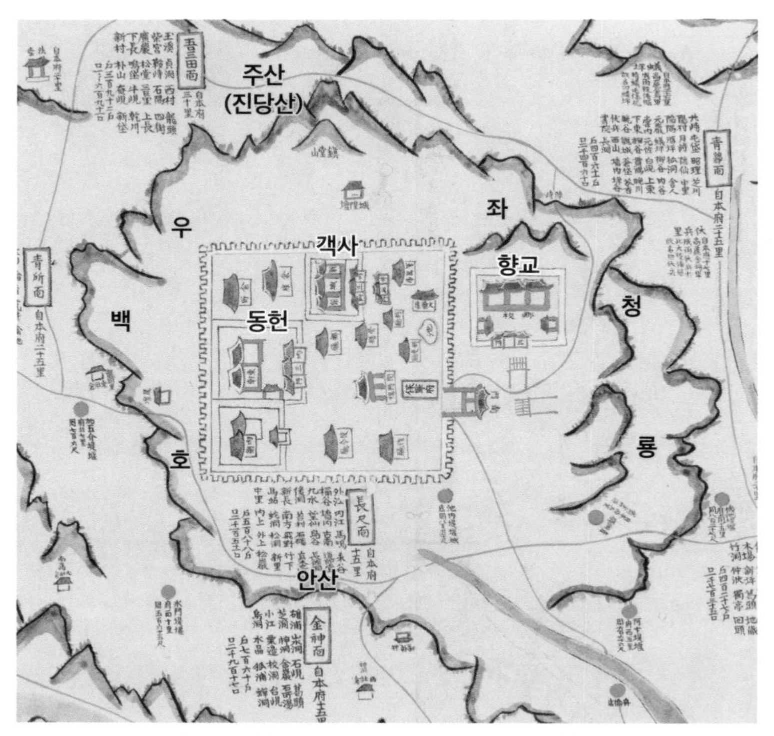

그림 98 보령의 그림식 고을지도 속 읍성(1872년 지방지도)

하지 못하게 만들었습니다. 보령의 향리들이 옮기고 싶었던 옛터는 낙안에서처럼 조상 대대로 살아왔던 옛 읍치였는데, 아직 그 위치가 정확히 밝혀져 있지는 않습니다. 다만 1400년에 만든 봉당성 지역은 아닙니다. 진당산성의 남쪽에 보령향교가 있는 지역으로 추정됩니다.

더 높은 풍수점수의 명당터를 찾아 두 번이나 읍치를 옮긴 고을, 거제를 찾아가다

풍수의 명당 논리로 명당터를 잡아 읍치를 옮긴 세 번째 사례로 경상남도 거제를 가보겠습니다. 우선 필자가 여러 정보를 표시한 현대 지도부터 살펴보겠습니다.(그림 99)

검은색 지명의 오른쪽에 붙은 1~6의 번호는 거제의 읍치가 옮겨간 순서를 가리키고, 파란색의 지명은 고대부터 고려시대까지 거제도에 있었던 4개의 고을 이름입니다. 4개의 고을 이름은 참조용으로 표시해 놓은 것이니 비보풍수 이야기를 하는 오늘은 별로 신경 쓰지 않아도 됩니다.

거제 읍치의 통치 핵심이 고대에는 요즘 둔덕기성이라 부르는 1번의 기성이라는 산성에 있다가 고려시대의 어느 시기에 2번의 거림리로 내려왔습니다. 그러다가 왜구의 침략을 피해서 1271년(고려 원종 12)에 지금의 경상남도 거창군 지역으로 피난을 가서 더부살이를 하게 됩니다. 150여 년이 지난 1422년(세종 4)에야 거제도로 다시 돌아오는데, 이때 읍치로 삼은 곳이 3번의 수월리입니

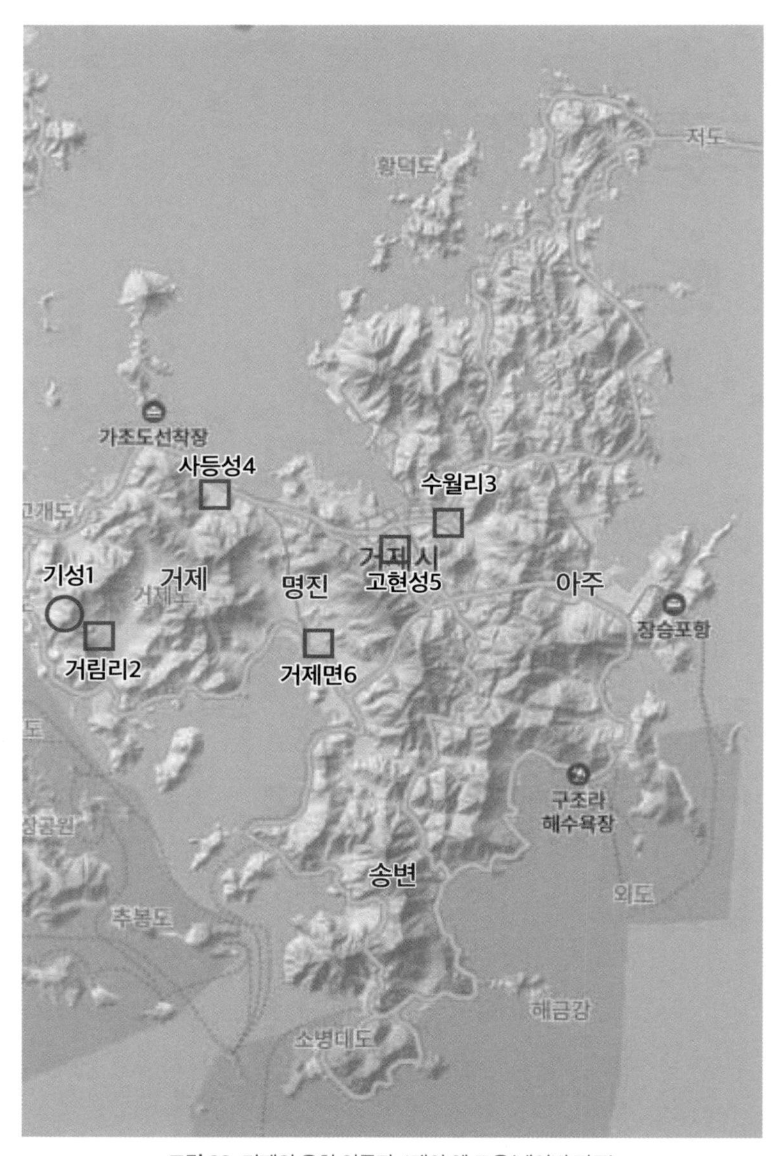

그림 99 거제의 읍치 이동과 4개의 옛 고을(네이버 지도)

다. 현재의 거제시 수월동 지역인데, 정확한 위치는 알려지지 않습니다.

거제도로 돌아와 수월리에 읍치를 만든 지 겨우 3년이 지난 1425년(세종 7) 2월, 경차관 이자직(생몰년 미상)이 수월리가 거제의 읍치로서 좋지 않고 고려시대 읍치였던 거림리 지역의 지형이 고을의 새 읍치를 세우기에 알맞으니 가을에 읍성을 쌓아 옮기자는 보고서를 올립니다. 이 보고에 대해 세종 임금은 거제의 읍치 이동을 허락하긴 했지만 새로운 경차관 허성(1382~1441)을 보내서 새 읍성터를 다시 찾도록 했습니다. 허성은 경상도의 감사, 도절제사와 함께 거제도로 들어가 직접 조사한 후 1425년(세종 8) 10월에 사월포(沙月浦)가 새로운 읍성터로 좋다는 보고서를 올려 세종 임금이 그대로 시행하라고 명합니다. 1426년(세종 9)에 읍치를 사월포로 옮겼고, 백성들의 동원이 어려워 1448년(세종 3)에서야 새로운 읍성이 완성되었습니다. 이 읍성을 지금 4번의 사등성이라 부르고 있습니다.

사등성은 지금도 유적으로 남아 있어서 그곳이 과연 풍수의 명당 논리로 터를 잡았는지 알아볼 수 있습니다. 1425년에 터를 잡아 축조된 낙안읍성의 사례를 봤을 때 풍수의 명당 논리가 적용되었을 것으로 추정할 수 있지만 과연 어땠을지, 사등성의 지도를 살펴보겠습니다. (그림 100)

그림 100은 사등성과 그 주변의 지형, 현재 남아 있는 성벽의 모습과 서문, 남문 터의 위치를 보여주는 지도입니다. 북문과 동문은 원래부터 없었던 것이 아니라 정확한 위치가 잘 파악되지 않아

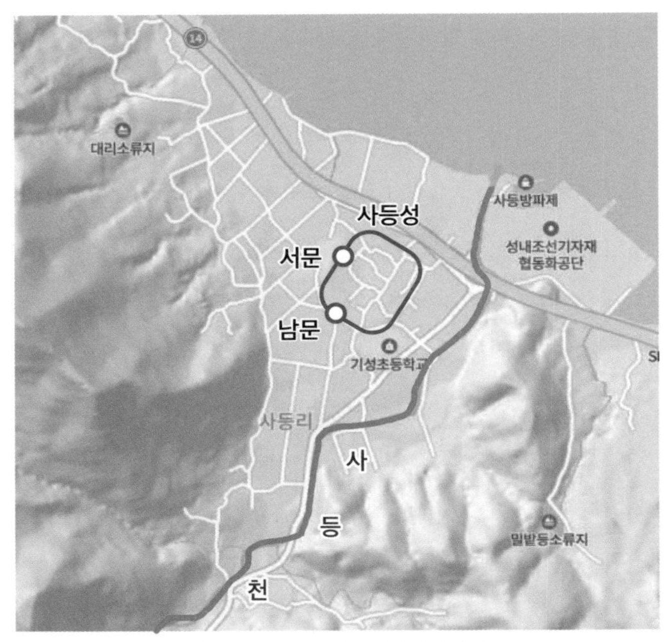

그림 100 거제 사등성의 입지(네이버 지도)

서 표시하지 않은 것입니다.

지도를 통해 볼 때 사등성이 풍수의 명당 형국에 들어서 있던 것으로 보이나요? 첫째, 평지의 한가운데에 사등성이 있습니다. 둘째, 동북쪽에는 바다가 펼쳐지고, 동남쪽에는 사등천이 서남에서 동북으로 흘러갑니다. 아무리 살펴봐도 사등성이 풍수의 명당 논리에 따라 터가 정해졌다고 볼 수가 없습니다. 필자는 사등성이 주산도 설정할 수 없는 풍수점수 0점의 읍치라고 생각합니다.

낙안읍성뿐만 아니라 보령읍성의 사례를 봐도 세종 때라면 읍성터를 새로 잡을 때 당연히 풍수의 명당 논리에 따라 잡았을 것 같은데, 거제의 읍성이었던 사등성은 그렇지 않았습니다. 이것을 어떻게 설명할 수 있을까요? 여기서 너무 복잡하게 생각하면 안 됩니다. 어떤 경우든 예외가 있기 마련이고, 세종 때의 읍성 축조에서 사등성이 그런 예외에 해당합니다. 왜 예외가 되었는지 정확하게 알 수는 없습니다. 다만 거제도가 왜구의 소굴 중 하나였던 쓰시마에서 가장 가까운 지역입니다. 따라서 왜구의 침략이 다시 시작되면 가장 먼저 침략받는 지역이라서 풍수보다는 방어를 우선으로 삼았기 때문이라고 추정됩니다. 우리나라 사람들은 잘 이해를 못하지만 산 밑의 읍성보다는 평지 한가운데의 읍성이 논리적으로는 방어에 더 유리합니다.

그런데 반전이 일어납니다. 세종 임금이 죽고 문종 임금이 등극한 지 약 8개월이 지난 10월 28일에 거제도로 파견된 도체찰사(都體察使) 정분(?~1454)이 사등성을 둘러보고 이런 내용의 보고서를 문종 임금에게 올렸습니다.

> 제가 거제현의 읍성(사등성)을 살펴보니 둘레가 1,916자(尺)였는데, 처음에 모범적인 형식에 따라 쌓지 않아 낮고 좁아서 반드시 개축해야 온 섬의 백성들이 들어가 지킬 수 있습니다. 필자가 고정부곡(古丁部曲) 지역에 가서 살펴보니 지세가 넓고 평평하며, 골짜기가 깊고, 우물과 샘 또한 있어서 농사지으며 거주할 만한 땅이 꽤 많사옵니다. 그래서 그곳으로 읍성 옮기기를 청하오며, 내년 10월까지 축성하는 것이 좋다고 봅니다.

문종 임금은 정분의 보고서를 받아 검토하고는 보고한 대로 하라는 명을 내렸습니다. 그로부터 얼마 지나지 않은 어느 날 가슴 절절한 거제 고을 향리들의 이런 탄원서가 문종 임금에게 올라왔습니다.

> 우리 고을은 왜구 때문에 150년 이상 거창현에서 더부살이를 하다가 1422년이 되어서야 겨우 섬으로 돌아와 수월리에 목책을 세워 거제 고을의 새 읍치를 건설했습니다. 그런데 제대로 정비할 틈도 없이 1426년에 사등리로 고을 읍치를 옮기게 되어 관아를 짓는 데도 매우 힘들었고, 읍성도 그로부터 22년이 지난 1448년에서야 겨우 완성하였습니다. 그런데 또 도체찰사 정분이 새 읍성터를 살펴보고는 고정리로 고을 읍치를 옮기라고 합니다. 우리 고을의 향리와 관노비들이 이제야 정착하여 제대로 살 만한데 또 고을 읍치를 옮기려고 하니 관아와 읍성을 만들 험난한 건축 공사를 생각하면 앞날이 캄캄합니다. 바라옵건대 새로운 읍성터 선정을 철회하여 우리 거제의 백성들을 편안하게 해주십시오. 그것이 어렵다면 육지로 나가 옮겨 살게 해주시어 먼 미래를 도모할 수 있게 해주십시오.

요약하면 또 읍치를 옮겨 읍성을 건설하는 것은 너무 가혹하니 이제 겨우 정착하여 살 만하게 된 사등성에 계속 살게 해달라는 내용입니다. 탄원서의 내용은 정말 절절합니다. 문종 임금과 신하들 사이에 어떻게 결정할지에 대한 논의가 여러 차례 오고 갔는데, 최종 결론은 정분의 보고대로 하라는 것이었습니다. 그래서 새로

터를 잡아 건설한 읍성이 거제 시내에 있는 지금의 5번 고현성입니다. 그렇다면 고현성의 모습을 지도에서 살펴보겠습니다.(그림 101)

지금은 시가지가 개발되어 옛날의 산줄기가 잘 보이지 않습니다만 서남쪽의 계룡산(569.8m)을 주산으로 삼아 그로부터 동북쪽 양 갈래로 좌청룡과 우백호가 뻗어 나가고 그사이에 동남-서북 방향의 고현성이 자리 잡고 있었습니다. 안산은 고현천 맞은편의 독봉산에서 서북쪽으로 뻗다가 솟아난 봉우리였는데, 안산이 하천 너머에 있는 단점을 제외하면 주산-좌청룡-우백호가 잘 갖추어진 곳입니다. 약간의 단점이 있으니 풍수점수를 100점은 그렇고 100

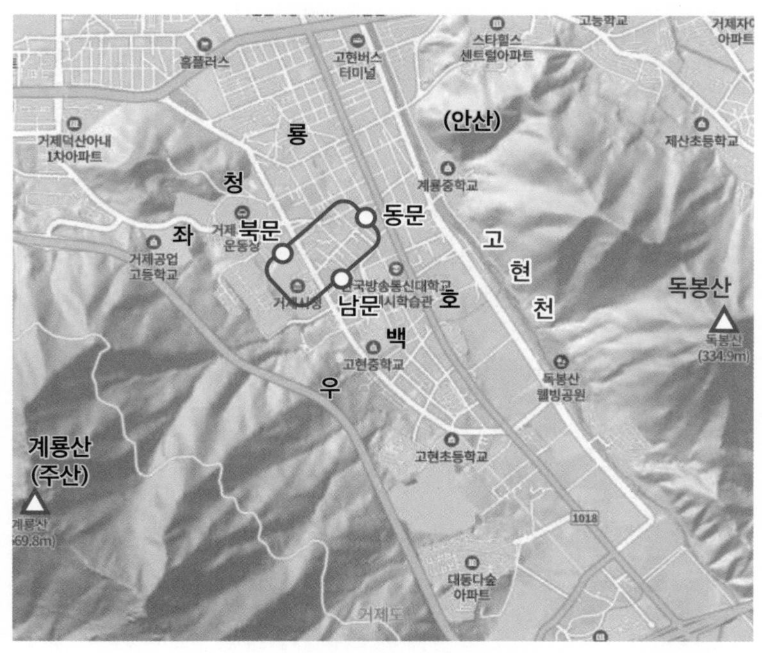

그림 101 거제 고현성의 입지(네이버 지도)

점-α 정도라고 보면 좋겠습니다.

세종 임금 때 풍수의 명당 논리에 따라 새 읍치의 터를 잡아 사등성을 쌓지 못하자 문종 임금 때 기어코 풍수의 명당 논리에 따라 또 다른 새 읍치의 터를 잡아 고현성을 쌓아 옮긴 것입니다. 좀 집요하다는 느낌이 듭니다. 그런데 처음에 봤던 거제의 읍치 지도를 보면 고현성이 다섯 번째이고 여섯 번째의 거제면이 하나 더 있습니다. 고현성에서 거제면으로 또 옮겼던 것입니다.

1664년에 고현성으로부터 거제면소재지로 읍치를 옮겼습니다. 그럼 왜 옮겼을까요? 당연히 고현성의 읍치가 마음에 안 들었기 때문일 텐데, 어디가 마음에 안 들었는지를 기록한 문헌 기록은 발견되고 있지 않습니다. 그러니 역사의 미스터리로 남을 수도 있지만 새 읍치가 된 거제면소재지의 지형은 그대로 남아 있습니다. 이를 통해 읍치를 옮긴 실마리를 찾아낼 수도 있으니 거제면소재지의 새 읍치를 보여주는 지도를 살펴보겠습니다. 풍수의 명당 논리에 따라 볼 때 고현성의 읍치와 비교하여 풍수점수가 높게 보이지 않나요? 자세히 살펴보겠습니다. (그림 102)

고현성의 읍치는 첫째, 주산인 계룡산에 비해 좌청룡과 우백호의 산줄기 흐름이 도시개발로 다 사라졌을 정도로 현저하게 약하고 둘째, 풍수의 관점에서 별로 선호되지 않는 서남-동북 방향을 취했습니다. 이것은 분명히 단점입니다. 그에 비해 거제면소재지의 읍치는 첫째, 주산인 계룡산에 비해 좌청룡과 우백호의 산세가 절대 약하지 않으며 둘째, 풍수의 관점에서 선호되는 동북-서남 방향을 취했습니다. 따라서 거제면소재지가 고현성보다는 더 좋은

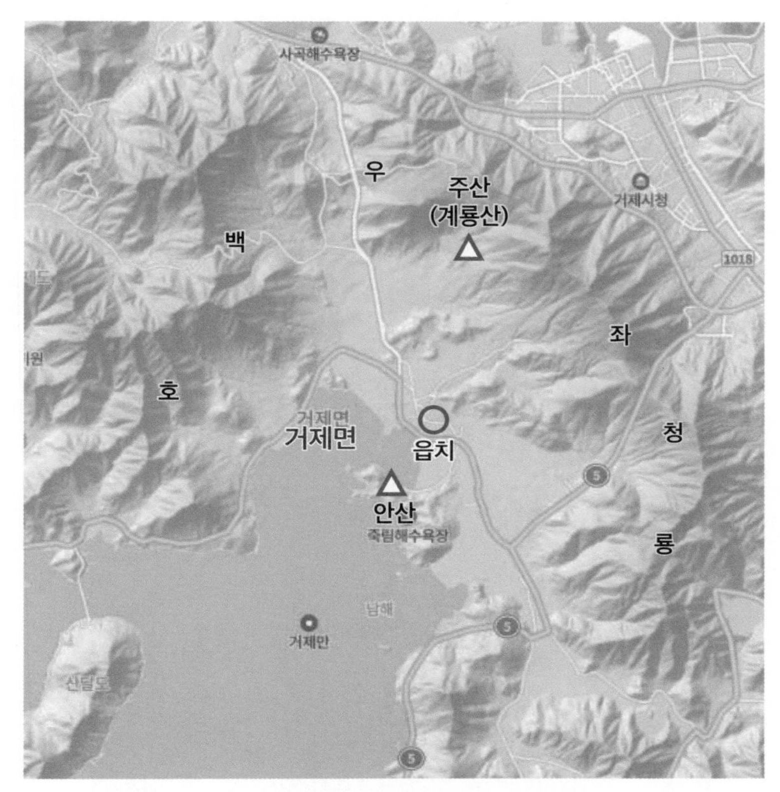

그림 102 거제 거재면소재지 읍치의 입지 ①(네이버 지도)

풍수의 명당 형국을 갖추었다고 볼 수 있지 않을까요?

고현성에서 거제면소재지로의 읍치 이동은 중앙정부가 아니라 거제 고을 자체적으로 추진한 것입니다. 풍수는 세종 임금 때부터 지방 고을의 읍치 터 선정에 적용되기 시작하여 1600년에 들어서면 확실한 문화 유전자로 정착했습니다. 고현성에서 거제면소재지로의 읍치 이동은 그런 현상을 보여주는 대표적인 사례 중의 하나가 됩니다.

이제 거제 고을의 읍치가 그림식 고을지도에는 어떻게 그려졌는지 살펴보겠습니다. 다만 『해동지도』와 1872년의 거제 지도에는 1664년에 마지막으로 옮긴 거제면소재지의 읍치만 그려져 있습니다. 그럼 『해동지도』의 거제 지도부터 살펴보겠습니다.(그림 103)

그림 103 거제의 그림식 고을지도 속 읍치(『해동지도』)

현대 지도와 비교해보면 많이 달라졌습니다. 주산인 계룡산에서 좌청룡–우백호–안산의 산과 산줄기가 안팎으로 둘이나 있습니다. 그런데 과연 실제의 모습도 저럴까요? 읍치 주변이 상세한 지도를 살펴보겠습니다.(그림 104)

그림 103과 104의 지도를 잘 비교해보면 좌청룡과 우백호를 그

그림 104 거제 거재면소재지 읍치의 입지 ②(네이버 지도)

려내기 위해 실제 모습을 변형시킨 것을 찾아낼 수 있습니다. 현대 지도에 특별히 하천을 표시해 놓았습니다. 현대 지도에서는 좌청룡과 안산 사이에 하천이 있어서 산줄기가 연결되지 않는데, 그림식 고을지도에서는 그 사이의 하천을 그리지 않아 마치 연결된 것처럼 이해할 것 같습니다. 이것이 그림식 고을지도에 담긴 첫 번째 비보풍수입니다. 좌청룡과 안산이 이어져 있는 것이 그렇지 않은 것보다 풍수점수를 더 높게 여깁니다.

두 번째의 비보풍수는 산줄기의 표현에 있습니다. 현대 지도를 보면 주산인 계룡산과 좌청룡의 산과 산줄기가 매우 높지만 우백호와 안산의 산과 산줄기는 훨씬 낮습니다. 그런데 그림식 고을지도에는 모두 비슷한 높이로 보이게 그렸습니다. 계룡산의 높이는 569.8m이고 좌청룡의 산줄기에 있는 산도 400~500m 급이 많습니다. 반면에 우백호에서 가장 높은 산은 100m 정도밖에 안 되고, 안산은 100m도 안 됩니다. 읍치가 비슷한 높이의 산과 산줄기로 빙 둘러싸인 것처럼 묘사하여 균형을 맞추려 한 것입니다.

현대 지도의 읍치 남쪽에 네 개의 작은 산을 표시한 것은 세 번째의 비보풍수 이야기 때문입니다. 명당은 산과 산줄기로 둘러싸여 밖에서 안쪽이 안 보이는 경우를 최고로 여기는데 현대 지도를 보면 바다 쪽에서 읍치가 훤히 보일 수 있는 단점이 있습니다. 이 단점을 극복하기 위해 그림식 고을지도에는 읍치 아래쪽의 바닷가에 네 개의 산을 꽤 높고 큰 것처럼 그렸습니다. 현대 지도에 그 네 개의 봉우리를 표시했습니다. 그중 가장 높은 것이 가장 오른쪽[동]의 봉우리인데, 그림식 고을지도에는 복룡산(伏龍山)으로 기록되어 있고, 지금은 남산이라 부릅니다. 이 남산의 높이는 겨우 25.4m에 불과합니다. 산이라기보다 언덕이라고 표현해야 할 것 같습니다. 그런데 그림식 고을지도에는 남산을 비롯하여 네 개의 봉우리, 아니 언덕을 꽤나 높은 것처럼 그려서 바다 쪽에서 읍치가 거의 보이지 않는 것처럼 착각하게 합니다. 그래서 비보풍수로 볼 수 있는 것입니다. 복룡산은 '용(龍)이 엎드린 모습의 산'이라는 의미입니다. 계룡산에서 시작되어 읍치까지 연결된 산줄기를 풍수에서 가장 상서로운 동물인 용으로 보았고, 엎드린 용이 바다를 만나 머리를 쳐들고 있는 것으로 이해한 것입니다.

『해동지도』의 거제 지도를 간단하게 정리하면, 지금까지 살펴보았던 세 개의 비보풍수를 통해 원래는 하나만 설정했던 주산-좌청룡-우백호-안산의 산과 산줄기를 풍수에서 가장 좋게 보는 이중의 모습으로 그릴 수 있었습니다. 이번에는 1872년의 거제 지도를 살펴보겠습니다. (그림 105)

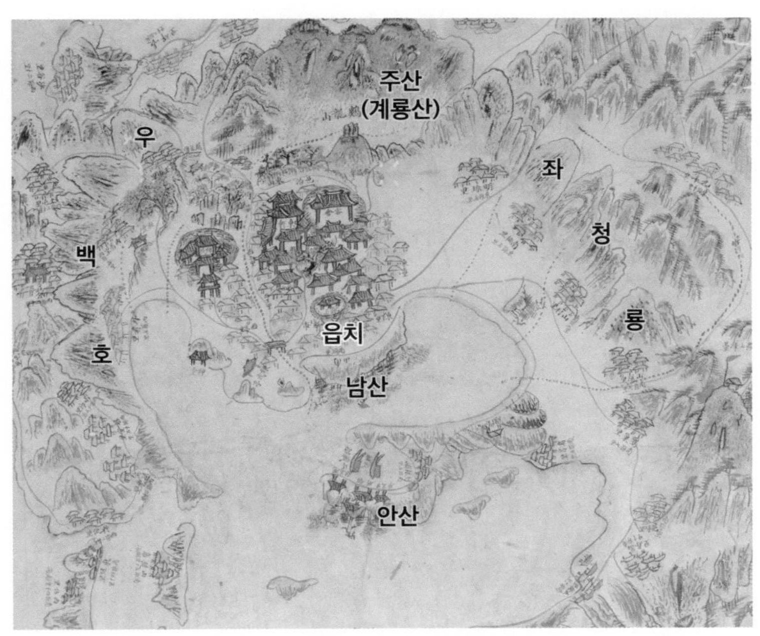

그림 105 거제의 그림식 고을지도 속 거제면소재지 읍치(1872년 지방지도)

한 폭의 풍경화를 보는 것 같지 않나요? 계룡산 모습은 바위와 어우러져 정말 웅장한 느낌이 팍팍 다가옵니다. 실제로 가서 봤을 때의 느낌도 비슷합니다. 그런데 풍수의 명당 형국이라는 관점에서 이 지도는 『해동지도』의 거제 지도와 다르게 그렸습니다. 주산-좌청룡-우백호-안산의 산과 산줄기가 이중이 아니라 실제와 비슷하게 하나로만 묘사했습니다.

현대 지도에서뿐만 아니라 실제로 가보면 산과 산줄기가 읍치로부터 너무 멀리 떨어져 있어서 빈 곳의 허한 느낌이 분명히 들고, 남쪽의 바다 방향에서는 읍치의 안쪽이 훤히 들여다보이기도 합니다. 그런데 읍치 부분을 과장해서 크고 꽉 차게 그려주니까 주산-좌청룡-우백호-안산의 산과 산줄기가 읍치를 거의 완벽하게 감싸주는 느낌이 들게 됩니다. 이것도 풍수의 관점에서 단점을 보충하고 있는 것이니까 비보풍수라고 볼 수 있는 것입니다.

울산, 2년에 두 번이나 읍치를 옮기다

네 번째로 현재는 울산광역시에 속하지만 조선시대에는 거제와 마찬가지로 경상도에 속했던 울산으로 가보도록 하겠습니다. 먼저 일제강점기 1:5만 지형도에 표시된 울산의 읍치 관련 내용을 살펴보겠습니다.(그림 106)

시대별 읍치의 순서를 알려주기 위해 성곽의 이름 옆에 번호를 써놓았습니다. 읍치의 통치 핵심이 고대에는 신학성에 있다가 고려시대의 어느 시기에 고읍성 지역으로 내려왔습니다. 울산 고읍성은 왜구의 침입이 격화되었던 1385년에 만든 것인데, 정확한 위치는 아직 확인되고 있지 않아 여러 기록을 통해 추정하여 표시한 것입니다. 신학성을 보니 평지에 솟아난 작은 산에 있는 것 같은데 너무 낮아서 저것을 산성이라고 말할 수 있을까요? 지금 가서 보면 신학공원으로 조성되어 있는데, 멀리서 보면 산은 산입니다. 어쨌든 신학성이나 그로부터 내려온 고읍성이나 풍수의 명당 논리와는 아무런 관련이 없습니다.

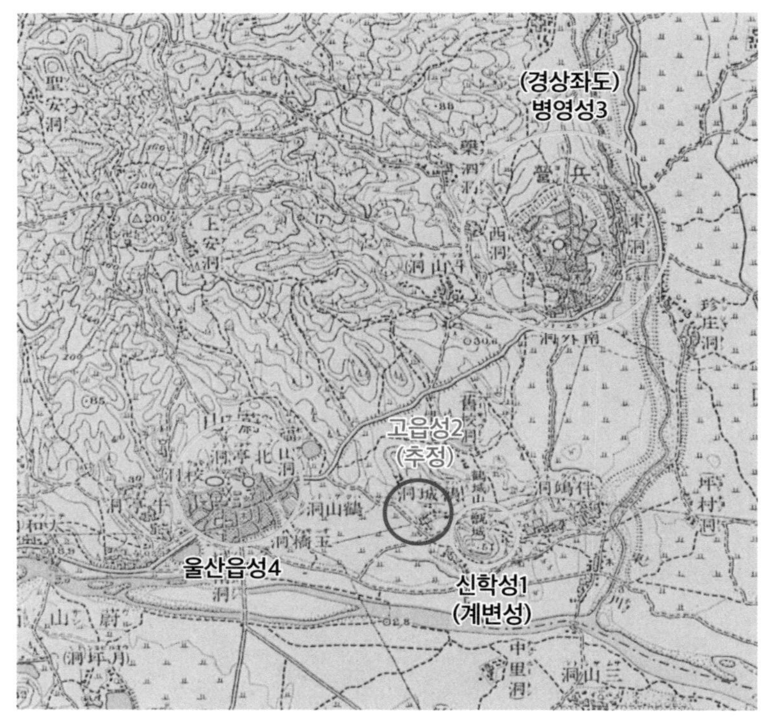

그림 106 울산읍치의 이동(일제강점기 1:5만 지형도)

이제 3번의 병영성을 살펴보겠습니다. 지형을 보면 풍수의 논리와 상관없이 평지에 만들어진 것입니다. 따라서 세종 임금 이전에 만들어진 것임을 짐작할 수 있습니다. 원래 경상좌도의 병영은 경주에 있었는데, 1415년(태종 15)에 울산으로 옮깁니다. 이때 울산의 읍치는 왜구의 침입이 격화된 1385년에 만든 고읍성에 있었고, 병영도 그곳으로 옮긴 것입니다. 울산에서는 1416년(태종 16)에 읍치를 확장해 옮길 계획으로 새 읍성을 쌓았습니다. 그것이 3

번의 병영성입니다.

새 읍성인 병영성이 풍수와는 아무 관련이 없는 평지성이므로 태종 때인 1416년만 하더라도 풍수의 명당 논리를 읍치터의 선정에 적용하지 않았음을 보여주는 좋은 사례가 됩니다. 그런데 새 읍성(병영성)이 두어 달도 못 되어 무너졌고, 언젠지는 모르지만 다시 수축하고 확대하여 쌓고는 병영만 옮깁니다. 울산의 읍치까지 고읍성에서 병영성으로 옮기는 것에 대해 울산의 백성들이 반발하는 이야기가 1425년 10월 18일의 경상감사 보고서에 나옵니다.

경상감사가 (경상)좌도절제사의 문서와 울산 고을 사람들의 탄원서에 의거하여 보고하기를, "(경상좌도)병사는 '병영의 새 성을 이미 크게 만들었으니 반드시 울산 고을의 향리와 백성들도 합해서 들어오게 해야 보호해 지켜낼 수 있습니다. 더구나 본 고을의 군수 물자와 창고 또한 이미 새 (병영)성 안으로 옮겨 설치하였는데, 향리와 백성들은 고향 떠나기를 싫어해서 지금까지도 고읍성에 머무르고 있습니다. 만약 뜻밖의 사변(왜구의 침입)이 일어난다면 두 성(고읍성과 병영성)을 함께 방어하기가 어려우니, 향리와 백성들을 새 (병영)성으로 들어오게 하고 고읍성은 헐어버리어 향리와 백성들이 고향 떠나기를 싫어하는 마음을 끊게 해야 합니다.'라고 하였습니다. (이에) 울산 향리와 백성들은 '만약 고을의 읍치가 새 병영성에 합해진다면 수령과 향리와 병졸들이 아침저녁으로 병사에게 문안 인사를 드려야 하고 시시때때로 중앙에서 파견한 관리를 접대해야 하기 때문에 업무를 하지 못하고 접대만 해야 해서 곤란합니다.'라고 하였습니다. (경상)우도의 사례에 따라 절제사는 군사를 거느리고 새 (병영)성에 있게 하고, 군수는 고읍성에 머물게 하여 예전대로 (병사와 군수가) 군사〔軍〕와 백성〔民〕을 나누어 다스려 업무의 편리를 도모하게 하기를 원하옵니다."라고 하였다.

울산 고읍의 향리와 백성들이 새롭게 만든 병영성으로 옮겨가서 살고 싶지 않았던 이유에 대해 병사는 고향을 떠나기 싫어서라고 했고 울산 고읍 사람들은 고읍의 읍치가 병영과 합해지면 각종 접대에 시달려서 업무를 보기 어렵기 때문이라고 했습니다. 낙안과 보령의 사례를 볼 때 울산 고읍 사람들의 주장은 핑계이고 병사가 주장한 것이 사실일 것입니다. 즉, 조상 대대로 살아왔던 곳에 계속 살고 싶었던 것입니다. 경상감사는 울산 고읍의 향리와 백성들의 주장을 지지했는데, 이때 최종적으로 어떤 결정이 났을까요? 앞의 세 고읍 사례에 비추어보면 울산 고읍의 의견이 철저히 무시되지 않았을까요? 세종 임금이 병조에게 의정부와 여러 관청과 함께 의논해서 결정해 올리라고 했고, 이런 보고가 올라옵니다.

"울산읍성〔고읍성〕에 거주하는 향리와 백성들은 모두 새 병영성으로 옮겨 살게 하고, 절제사〔병사〕는 군사를 거느리고 고읍성에서 지키다가 만약 외적〔왜구〕의 사변이 발생하면 새 병영성으로 함께 들어가 굳게 지키든 병사를 출격시켜 적을 추적하든 상황에 따라 잘 대응하는 것이 좋겠습니다. (그러니) 고읍성은 국경초소의 (예전) 사례처럼 허물어버리지는 않기를 바랍니다."라고 하니 (임금이) 그대로 따랐다.

"너희들이 읍치와 병영 공유를 거부하니 읍치를 새 병영성으로 옮기고 병영은 고읍성으로 다시 옮겨가라!"

다시 말해서 맞바꾸라는 것입니다. 낙안, 보령, 거제의 사례와는 다른 절충안이 절묘합니다. 어쨌든 이 결정으로 울산의 읍치가 고읍성에서 병영성으로 옮겨갔습니다. 그런데 또 신기한 일이 벌어졌습니다. 1426년에 울산의 읍치를 4번의 울산읍성 지역으로 옮겼습니다. 왜 옮긴 걸까요? 중앙정부가 명령해서 옮긴 걸까요? 아니면 스스로 옮긴 걸까요? 여기서 참고로 울산읍성은 이때가 아니라 훨씬 뒤인 1481년에 만들어졌습니다.

일제강점기의 1:5만 지형도에서 울산읍성 주변의 지형을 보면 중앙 정부의 명령에 의해 이루어진 것이라는 사실을 추론해낼 수 있습니다. 4번의 울산읍성과 주변의 산과 산줄기를 그린 지도를 살펴보겠습니다.(그림 107)

안산만 제외하면 풍수의 전형적인 명당 형국과 비슷하고, 좌청룡과 우백호가 이중으로 되어 있습니다. 풍수점수로는 주산-좌청룡-우백호가 있으니까 75점을 줄 수 있고, 게다가 좌청룡과 우백호가 두 겹으로 있으니까 +α를 더 주면 좋겠습니다. 비록 안산이 없기는 하지만 이 정도면 1426년 3번의 병영성에서 4번의 울산읍성으로 읍치를 옮긴 것이 풍수의 명당 논리에 따른 것임을 쉽게 추론할 수 있습니다. 이건 중앙 정부의 명령에 의해 읍치의 이동이 이루어졌다는 의미인데, 아마 괘씸죄에 걸렸기 때문이 아닌가 생

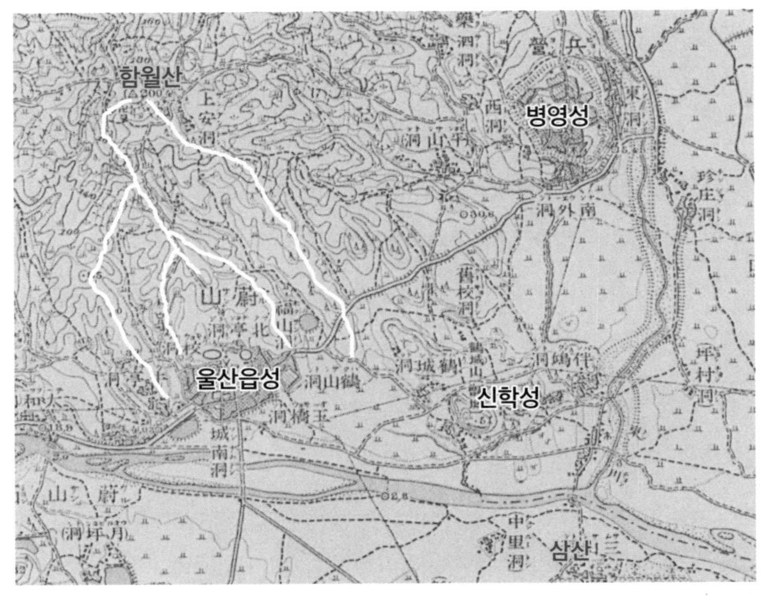

그림 107 울산읍치의 이동(일제강점기 1:5만 지형도)

각합니다.

1425년 울산의 향리와 백성들이 고읍성에서 병영성으로의 읍치 이동을 거부했고, 중앙 정부에서는 절충안을 만들어서 울산의 읍치를 병영성으로 옮기도록 했습니다. 이 정도 되면 괘씸죄가 생길 만합니다. 이왕 읍치를 옮기는 것, '풍수의 명당터를 잡아서 다시 옮겨가게 하라!'라고 세종 임금이 명했을 것 같습니다. 다만 기록으로 전해지는 것은 아니니 추론일 뿐입니다.

필자는 지형도 위에 울산읍성 남쪽의 태화강 너머 동동남쪽 멀리 삼산(三山)을 특별히 표시해 넣었는데, 다 이유가 있어서입니다. 1872년의 울산 지도는 전해지고 있지 않아서 『해동지도』의 울

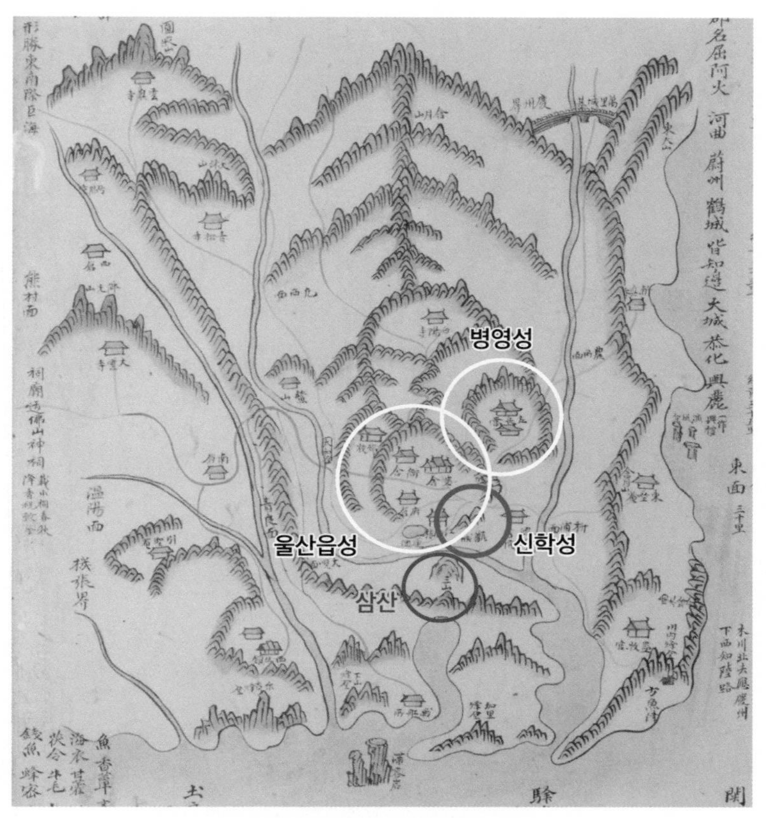

그림 108 울산의 그림식 고을지도 속 읍치(『해동지도』)

산 지도만 살펴보겠습니다.(그림 108)

삼산은 작은 세 개의 봉우리로 이루어진 산이었습니다. 울산 시가지를 개발할 때 모두 없어졌다고 하니까 얼마나 작았을지 충분히 상상할 수 있습니다. 이 지도를 보면 왜 그렇게 작은 삼산을 특별히 표시해 넣었는지 알 수 있을 것입니다. 풍수점수 0점의 병영성도 풍수의 명당인 것처럼 그렸습니다. 읍치가 있던 울산읍성 지역도 도저히 연결할 수 없을 것 같은 신학성의 작은 봉우리까지 끌어다가 풍수의 명당으로 그려냈습니다. 하지만 아무리 그래도 울산 사람이라면 실제로는 울산읍성 지역에 안산이 없는 단점을 누구나 다 알고 있었을 것입니다. 그래서 『해동지도』의 울산 지도에서는 주산 함월산에서 뻗은 좌청룡과 우백호 방향으로 동동남쪽 멀리에 있는 삼산을 가까이 끌어다가 안산으로 그려낸 것입니다.

병영성을 풍수의 명당으로 그린 것, 신학성의 봉우리를 울산읍성으로 끌어다 붙인 것, 멀리 있는 삼산을 울산읍성 바로 남쪽에 있는 것처럼 그린 것, 이런 것들이 다 그림식 고을지도가 만들어낸 비보풍수입니다.

양주, 풍수의 명당 논리로 터를 잡은 최초의 읍치가 등장하다

이제 지역 안배를 위해 수도권인 경기도의 양주 고을로 가보도록 하겠습니다. 양주는 고려시대 읍치 이동의 시기를 알 수 있는 희귀한 사례인데, 조선의 건국 직후에도 두 번이나 읍치를 옮깁니다. 먼저 고려시대 초기 양주의 읍치 위치를 현대 지도 위에 표시해보았습니다.(그림 109)

광진구에 있는 아차산성 지역입니다. 일반적으로 양주시청이 있는 곳 어디쯤이라고생각할 수 있는데 전혀 의외의 지역에 있었습니다. 고대 읍치의 통치 핵심은 아차산성에 있다가 고려시대의 어느 시기에 그 아래인 광나루 지역으로 내려온 것입니다. 양주의 통일신라시대 이름은 한양군이고 고려 초에 양주로 이름을 바꾸었습니다. 『삼국사기』 지리지에는 한양군의 연혁이 이렇게 적혀 있습니다.

한양군(漢陽郡)은 원래 고구려의 북한산군(北漢山郡)〔일설에 평양

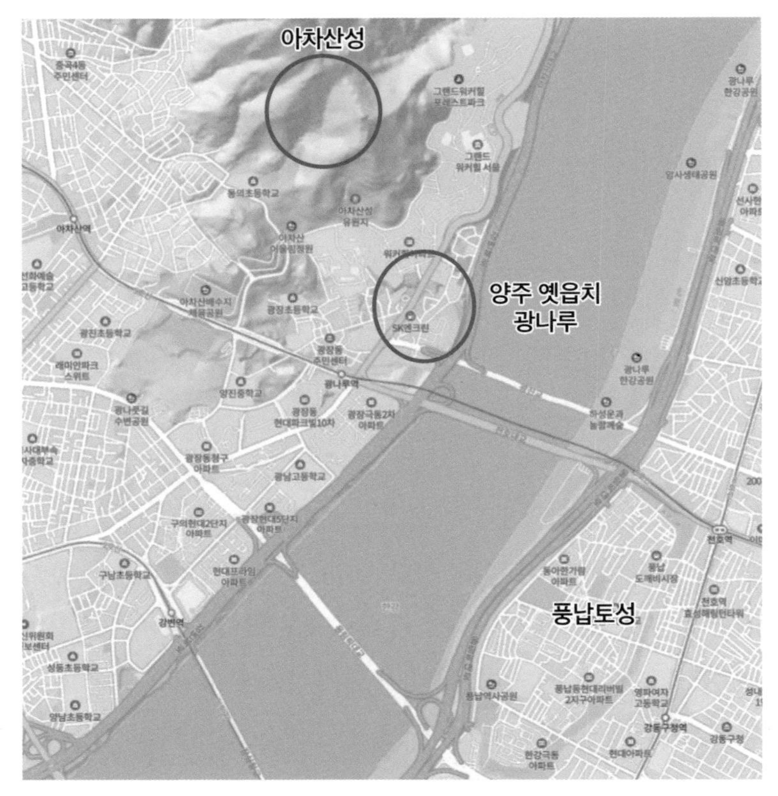

그림 109 양주의 광나루 옛읍치(네이버 지도)

이라고도 이른다.]이었는데, 진흥왕이 (빼앗아 북한산) 주(州)를 삼고 군주(軍主)를 두었다. (이후 북한산군으로 다시 바꾸었다가) 경덕왕 때 (한양군으로) 이름을 고쳤으며, 지금의 양주 옛터다.

한양군은 원래 북한산군, 북한산주였는데, 신라 경덕왕 때인 759년에 한양군으로 이름을 바꾸었습니다. 강의 북쪽은 산의 남쪽에 해당하여 햇볕이 잘 드는 지역이기 때문에 '양(陽)'이라고도 했습니다. '북한(北漢)'은 '한강의 북쪽'이라는 뜻인데, 양(陽)을 써서 표현하면 '한양(漢陽)'으로 써도 됩니다. 그리고 신라 경덕왕 18년인 759년에 전국 모든 고을 이름의 한자를 중국처럼 주(州)는 한 글자, 소경(小京)·군(郡)·현(縣)은 두 글자로 바꾸도록 했습니다. 이때 북한산군의 북한산이 세 글자여서 두 글자로 바꿀 때 '한양'으로 이름을 개정한 것입니다. 그렇다면 여기서 한양군의 원래 이름이었던 북한산주와 북한산군에서 북한산은 왜 붙은 것일까요? 북한산에 있던 산성, 즉 북한산성에 읍치의 통치 핵심 기능이 있었기 때문입니다.

지금 우리가 북한산이라고 부르는 산의 원래 이름은 삼각산이었습니다. 조선 숙종 때 청나라와의 대규모 장기전에 대비하여 그곳에 초대형의 산성을 넓혀서 수리하여 쌓으면서 그 산을 북한산으로, 그 산성을 북한산성이라고 부르기 시작했습니다. 조선시대만 하더라도 삼국시대의 여러 기록에 나오는 북한산과 북한산성이 어떤 것인지 몰라서 그렇게 붙인 것입니다. 그렇다면 원래의 북한산과 북한산성은 어디일까요? 바로 아차산이 북한산이었고, 아찬산성이 북한산성이었습니다.

그렇다면 『삼국사기』 지리지의 한양군 마지막 부분에 기록된 '지금의 양주 옛터다.'라는 문구는 무슨 뜻일까요? 『삼국사기』가 편찬된 1145년에는 북한산군 → 북한산주 → 한양군 → 양주로 이어지던 고을의 읍치가 옛터로 변했다는, 다시 말해서 읍치를 옮겼다는 의미입니다. 그렇다면 읍치를 왜 옮겼을까요?

『고려사』 지리지에는 남경유수관 양주의 연혁에 이런 내용 나옵니다.

> 문종 21년(1067)에 (양주를) 승격시켜 남경유수관(南京留守官)으로 삼고는 근처 고을의 백성들을 이주시켜 채웠다.

고려 초기에는 개경〔개성〕-서경〔평양〕 2경 체제로 만들어 임금들이 돌아가면서 머물며 정사를 보도록 했습니다. 그러다가 개경-서경-동경〔경주〕 3경 체제로 바꾸었는데, 동경이 너무 멀어서 임금들이 가보기가 어렵게 되자 1067년(문종 21)에 남경을 새로 만들었습니다. 양주를 남경으로 승격시킨 것은 동경〔경주〕의 역할을 대체할 새로운 수도를 물색하다가 개경에서 가까운 양주 고을의 영역 안에서 주산-좌청룡-우백호-안산의 산과 산줄기로 둘러싸인 풍수의 명당 형국을 발견했기 때문입니다. 그렇다면 어디였을까요? 이것은 대부분의 사람들이 알고 있습니다. 바로 조선의 수도였던 서울입니다.

양주의 읍치를 북악산-인왕산-낙산-남산으로 둘러싸인 서울 안으로 옮기고 수도의 하나인 남경으로 승격시킨 것입니다. 그러다가 1308년에 남경에서 일반 고을인 한양부로 다시 낮추면서 서울 안이 읍치가 되었습니다. 물론 한양부로 낮추었음에도 습관적으로 남경이라 부르는 경향이 남아 있었습니다. 하지만 행정단위로는 분명히 한양부였습니다. 그러다가 조선이 건국되고 나서 1394년에 풍수적으로 명당이었던 한양부의 읍치를 새로운 수도의 터로 잡았습니다. 조선시대 수도 서울의 공식명칭은 한성부였는데, 많은 사람들이 부른 이름은 한양이었습니다. 다 이런 역사가 있었기 때문입니다.

1395년 한양부의 읍치였던 곳에 조선의 새로운 수도가 정식으로 들어섭니다. 그렇다면 이때 한양부란 고을은 어떻게 되었을까요? 혹시 없어진 것일까요? 그런데 한양부의 영역은 현재의 양주시, 의정부시, 남양주시, 구리시, 한강 북쪽의 서울특별시 등에 걸쳐 있던 엄청나게 큰 고을이었습니다. 그래서 조선에서는 한양부의 영역 일부만 수도로 삼았고, 나머지 지역은 그대로 한양부 고을의 영역으로 남겨두었습니다. 따라서 한양부란 고을을 다스리는 읍치도 당연히 있어야 했습니다.

『세종실록』 지리지에는 양주도호부의 연혁에 대해 이런 내용이 나옵니다.

> 태조 3년(1394)에 수도를 한양으로 정하고 한양부의 읍치를 동쪽 마을인 대동리(大洞里)로 옮기고는 다시 지양주사(知楊州事)로 강등시켰다가 4년(1395)에 부(府)로 승격시켜 부사를 두었고 6년(1397)에 또 고을의 읍치를 견주(見州)의 옛터로 옮겼다.

고을의 이름을 다시 양주로 바꾸었고, 읍치를 1394년에 대동리로, 1397년에 견주의 옛터로 두 번 옮겼습니다. 여기서 대동리는 양주시의 고읍동이었고, 견주의 옛터는 현재까지도 양주 관아 일부가 전해지고 있는 양주시의 유양동을 가리킵니다. 그렇다면

1394년과 1397년에 옮겨간 양주의 읍치는 어떤 기준으로 터를 잡았을까요? 지금까지 말씀드린 바에 따르면 세종 임금 이전이니까 풍수의 명당 논리는 적용되지 않았다고 봐야 합니다. 그렇다면 두 읍치의 위치와 주변 지형을 일제강점기 1:5만 지형도 위에서 살펴보겠습니다.(그림 110, 111)

그림 110이 1394년의 고읍동 읍치, 그림 111이 1397년의 유양동 읍치 지역의 산과 산줄기를 표시한 것입니다. 표시해놓은 산과 산줄기를 보면 두 읍치 모두 풍수의 명당 형국에 상당히 가깝습니다. 따라서 지금까지 말씀드린 것과 어긋나게, 1394년과 1397년 양주의 읍치 이동은 풍수의 명당 논리로 터를 잡아서 이루어진 것입니다. 이게 어떻게 된 것일까요? 이럴 때 아주 가끔은 예외가 있다는 말씀만 드릴 수밖에 없습니다. 양주의 경우 1067년에 읍치를 풍수의 명당인 서울 시내로 옮기면서 남경으로 승격되어 수도 중의 하나가 되었고, 1308년에 한양부로 다시 낮춰지면서 서울 시내는 한양부의 읍치가 되었습니다. 그리고 1394년 거기에 조선의 수도를 정하면서 한양부를 양주로 낮추어 읍치를 수도 밖의 어딘가로 이동시켜야만 했습니다.

남경 시절을 포함하여 1067년부터 300년 이상 풍수의 명당 형국에 자리 잡은 읍치에서 살던 양주의 사람들에게 풍수의 명당과는 전혀 다른 지형에 읍치를 잡아주고 옮겨가라고 하기는 어려웠을 것입니다. 고읍동의 주산이 서북쪽에 약간 치우쳐져 있기는 하지만 주산-좌청룡-우백호-안산의 산과 산줄기 흐름이 너무나 명확합니다.

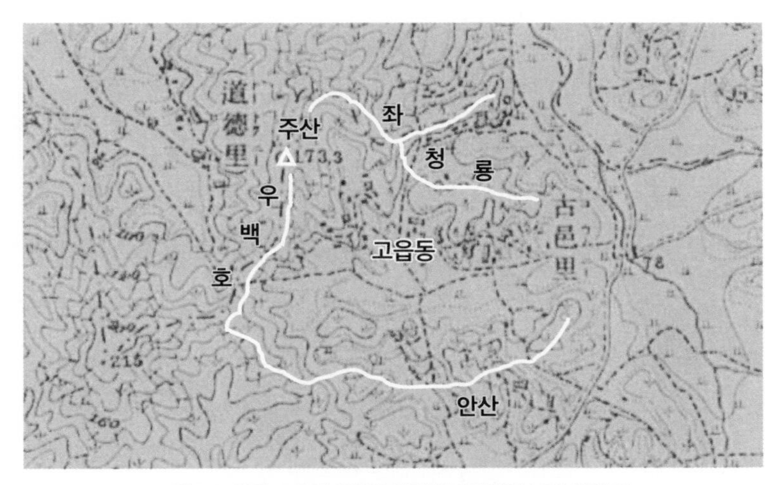

그림 110 양주 고읍동 읍치의 입지(일제강점기 1:5만 지형도)

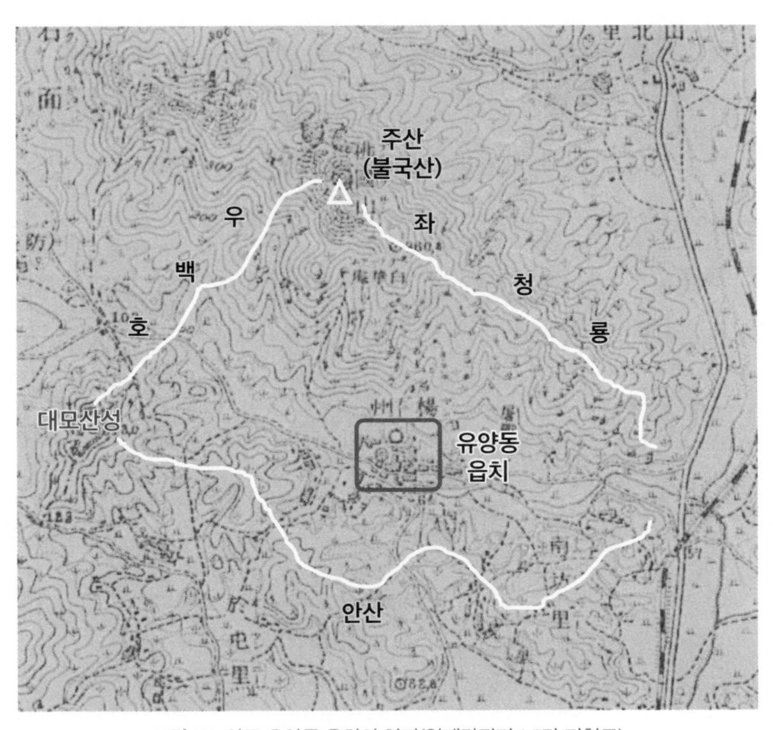

그림 111 양주 유양동 읍치의 입지(일제강점기 1:5만 지형도)

그렇다면 고읍동에서 유양동으로 읍치를 옮긴 이유는 무엇일까요? 유양동 지역의 주산인 불국산(465m)은 고읍동 지역의 주산(173.3m)보다 3배 가까이 높은데, 실제로 가서 보시면 시각적인 웅장함은 3배 훨씬 이상입니다. 서울의 주산인 북악산(342m)이나 조산인 북한산의 보현봉(714m)을 늘 보고 살아왔던 양주의 사람들에게 고읍동 지역의 주산은 너무 낮고 왜소하지 않았을까요? 이런 이유로 읍치를 옮긴 지 얼마 되지도 않았는데, 북악산이나 보현봉만큼은 아니더라도 그에 가깝게 시각적으로 웅장한 주산 그리고 좌청룡-우백호-안산의 산과 산줄기로 둘러싸인 명당 형국을 찾아서 읍치를 옮기고 싶어 하지 않았을까요? 마침 고읍동 지역 서서남쪽의 약 4km 지점에서 그런 명당터가 조사되었고, 그래서 고읍동 지역에서 유양동 지역으로 읍치를 옮긴 것으로 볼 수 있습니다.

그런데 1397년에 옮겨간 유양동의 읍치를 '견주 옛터'라고 한 이유는 무엇일까요? 견주는 양주의 속현 중 하나였고, 고대 읍치의 통치 핵심은 대모산성에 있다가 고려시대의 어느 시기에 그 아래쪽으로 내려온 것입니다. 대모산성에서 내려온 '견주 옛터'의 정확한 위치는 유양동 읍치 지역이 아니라 산성 바로 아래였을 것입니다. 다만 견주 옛터의 범위를 넓게 잡고 그 안에서 고읍동 지역에서 읍치를 옮겨갈 풍수의 명당터로 선택한 곳이 유양동 읍치 지역이었다고 보면 됩니다. 그렇다면 이렇게 풍수의 명당 형국에 자리잡은 양주의 유양동 읍치는 그림식 고을지도에 어떻게 그려져 있을까요? (그림 112, 113)

그림 112가 『해동지도』, 그림 113이 1872년의 양주 지도에 그

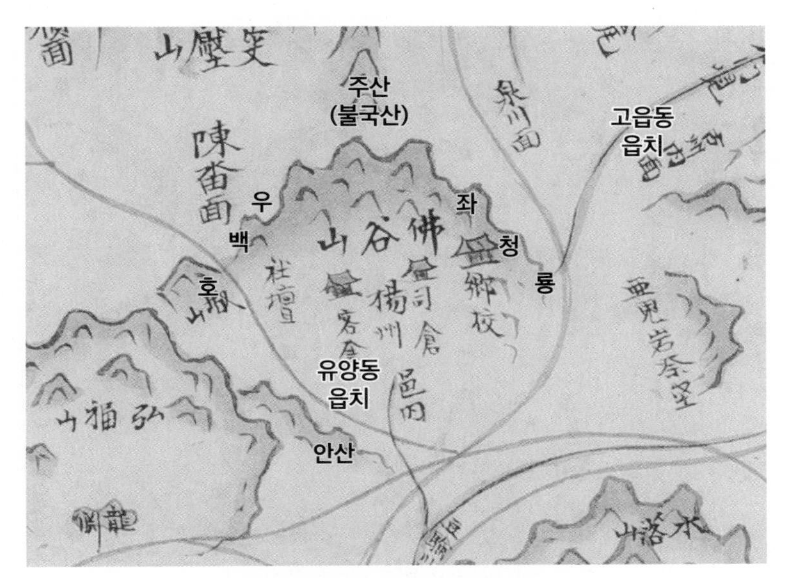

그림 112 양주의 그림식 고을지도 속 읍치(『해동지도』)

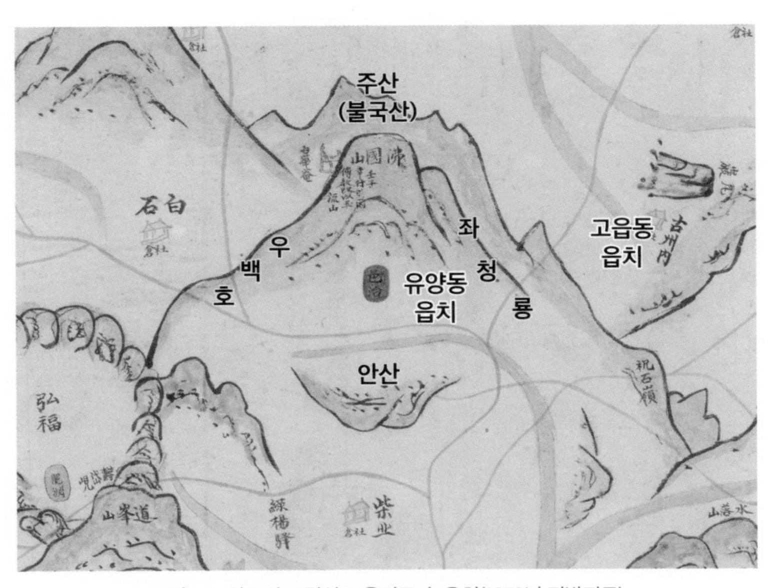

그림 113 양주의 그림식 고을지도 속 읍치(1872년 지방지도)

려진 읍치 모습입니다. 고읍동 읍치는 옛 읍치니까 특별히 풍수의 명당 형국으로 그릴 필요는 없었고, 당시의 읍치였던 유양동 읍치는 불곡산(또는 불국산)을 주산으로 하여 좌청룡-우백호-안산의 산과 산줄기로 둘러싸인 풍수의 명당 형국으로 그렸습니다.

『해동지도』의 양주 지도에서 안산의 산과 산줄기 부분이 좀 약하게 그려졌고, 동남쪽이 너무 열려 있습니다. 그 이유가 정확히 파악되지는 않지만, 지도를 그리는 사람마다 차이가 있었다고 말할 수밖에 없습니다. 양주에는 태조 임금의 무덤 등 풍수의 명당에 자리 잡은 아홉 개의 왕릉이라는 의미의 동구릉(東九陵)이 있는데, 『해동지도』의 양주 지도에는 육릉(六陵)이라고 표시되어 있습니다.(그림 114) 그런데 최고의 명당일 수밖에 없는 왕릉도 유양동 읍치처럼 안산에 해당하는 산줄기를 짧게 그렸습니다.

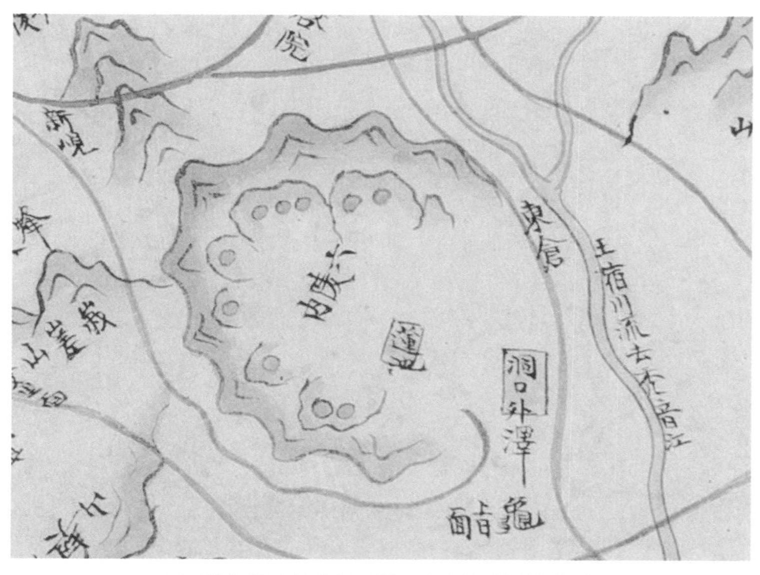

그림 114 양주의 그림식 고을지도 속 육릉(『해동지도』)

안산의 산줄기를 좀 더 길게 그렸다면 금상첨화였을 텐데, 유양동 읍치도 그렇고 육릉도 그렇고 아쉽기는 합니다. 다만 『해동지도』와 1872년의 양주 지도를 그린 두 제작자 모두 직접 보면 그 웅장함이 남다른 주산 불곡산(또는 불국산)을 정말 인상적으로 그렸다는 점에서는 공통적입니다. 그 밖에 비보풍수는 특별히 첨가되지 않았습니다.

광주의 읍치, 풍수점수 0점에서 100점의 명당이 되다

마지막으로 후금과의 대규모 전면전에 대비하여 1626년에 완성하고, 하남시에 있던 광주 고을의 읍치를 옮겼던 초대형 남한산성으로 가보겠습니다. 먼저 하남시의 옛 읍치 모습부터 살펴보겠습니다.(그림 115)

그림 115는 1626년 남한산성으로 옮겨가기 전 광주의 읍치가 있었던 하남시 지역의 일제강점기 1:5만 지형도이고, 그림 116은 광주향교의 현대 지도입니다. 원래 광주향교는 읍치 서쪽에 있었는데, 1703년에 옛 동헌터로 옮겨 세운 것입니다. 고대 광주의 읍치가 이성산성에 있다가 고려시대의 어느 시기에 산성 아래쪽의 광주향교 지역으로 내려온 것입니다. 광주는 통일신라 때 9주 중의 하나인 한주(漢州)였습니다. 그래서 읍치가 있었던 이성산성은 대규모 장기전을 수행할 수 있는 포곡식(包谷式)[2] 대형산성이었습

---

2 포곡식(包谷式) : 산봉우리를 중심으로 주변 골짜기를 돌아가며 벽을 쌓는 방식이다.

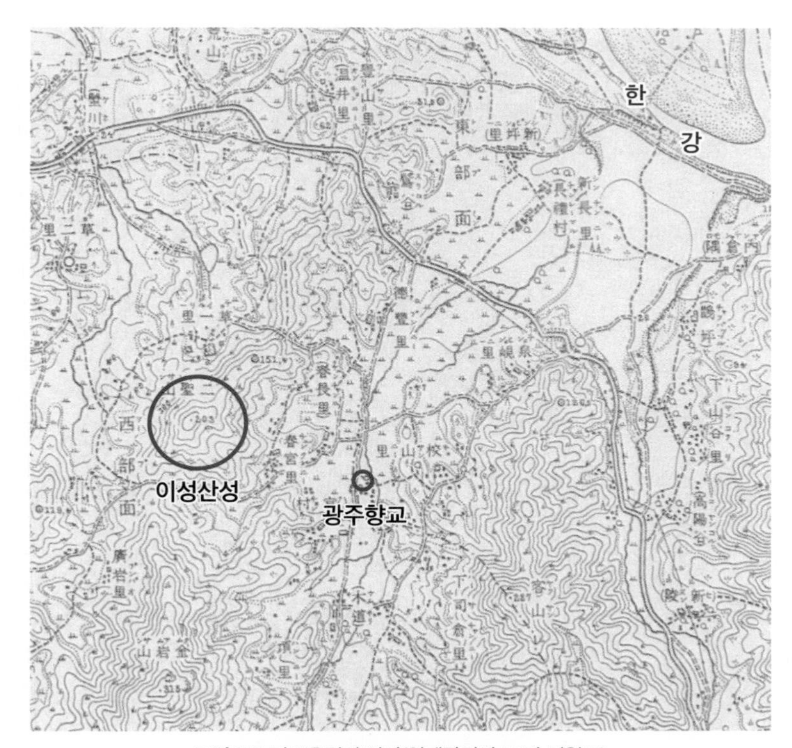

그림 115 광주읍치의 입지(일제강점기 1:5만 지형도)

니다. 고려 초에 광주로 이름을 바꾸었고, 이후 광주향교 지역으로 읍치가 내려왔습니다. 여기서 동헌터에 지어졌다는 광주향교의 위치를 특별히 함께 보여 준 것은 중요한 이유가 있습니다.

하남시 평지의 한가운데에 있는 광주향교 지역은 동서남 세 방향이 산과 산줄기로 둘러싸여 있고 북북동의 한강 쪽으로만 평지가 열려 있어서 지형적으로는 풍수의 명당 형국을 갖추고 있습니다. 그런데 광주향교의 사진 위에 북북동-남남서를 향해 있다는

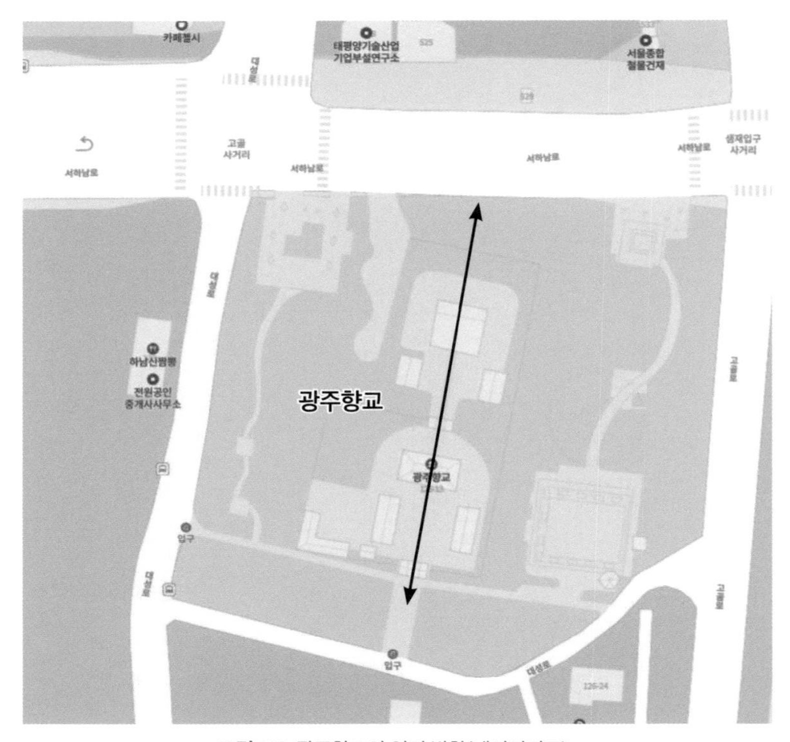

그림 116 광주향교의 입지 방향(네이버지도)

화살표를 특별히 표시해 놓았습니다.(그림 116) 광주향교가 동서남의 산과 산줄기가 아니라 넓은 평지가 이어진 북북동의 한강 방향을 등졌다는 것을 알려드리기 위해서입니다. 옛 동헌도 광주향교와 같은 방향으로 향했을 것이라고 본다면 옛 읍치는 풍수의 명당 논리와는 관련 없이 만들어진 것입니다.

하남시의 광주 읍치는 동헌의 방향만 잘 잡았으면 풍수점수 100점이나 그에 가까운 읍치를 만들 수 있었음에도 풍수점수 0점

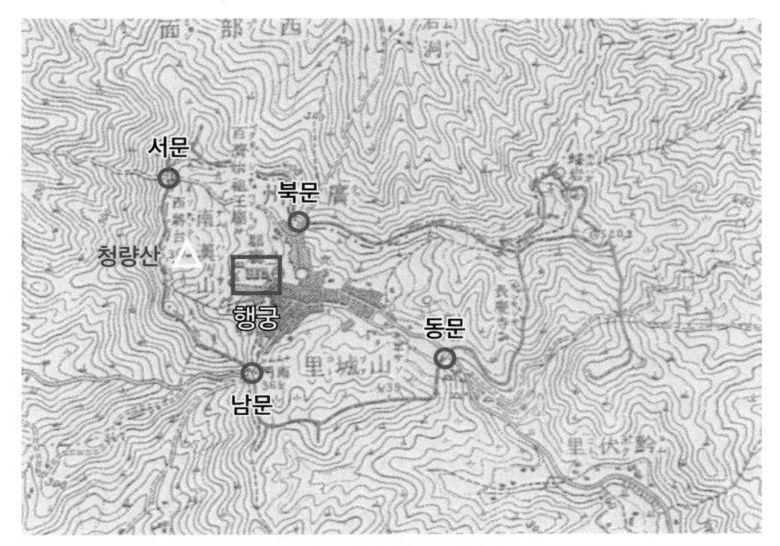

그림 117 광주 남한산성의 입지(일제강점기 1:5만 지형도)

의 전형적인 모습을 보여주고 있는 대표적인 읍치 중 하나였습니다. 이제 1626년에 광주의 읍치가 옮겨가는 남한산성을 일제강점기의 1:5만 지형도에서 살펴보겠습니다.(그림 117)

남한산성은 나당전쟁 때인 672년에 혹시라도 당나라와 대규모 장기항전이 벌어졌을 때 사용하기 위해 초대형의 포곡식 거점 산성으로 만들었습니다. 그리고 1624년에 청나라와 대규모 장기항전이 벌어졌을 때 사용하기 위해 대대적으로 수축하였고, 1626년에 성벽과 전쟁 물자 등을 일상적으로 관리하며 대비하기 위해 하남시의 광주읍치를 옮겨왔습니다. 지도를 보면 남한산성에 있던 광주읍치가 풍수의 명당 형국을 이루고 있었습니다.

남한산성은 정말 산과 산줄기로 빙 둘러싸인 천혜의 요새였습니다. 그래서 산성 안의 물은 다 모여서 동문 딱 한 방향으로만 빠져나갔습니다. 이렇게 산과 산줄기로 둘러싸인 지형은 주산-좌청룡-우백호-안산의 명당 형국을 이루기에 유리합니다. 다만 하남시의 광주 옛 읍치에서 보았듯이 지형적으로 아무리 유리해도 읍치의 중심인 동헌을 어디에 어느 방향으로 잡느냐에 따라 명당 형국이냐 아니냐가 결정됩니다.

지금 남한산성에 가면 동헌은 찾을 수 없고 전쟁이 벌어지면 임금이 임시로 피난 와서 전쟁을 지휘할 행궁(行宮)[3]이 있습니다. 지방관이 근무하던 동헌은 행궁의 부속건물 정도밖에 안 되었습니다. 그렇다면 행궁이 읍치의 중심이라는 뜻이고, 행궁의 위치에 따라 명당 형국이냐 아니냐가 결정됩니다. 그렇다면 행궁이 어디에 있고, 어느 방향을 향해 있었을까요?

지도를 보면 행궁은 남한산성 안에서 서쪽에 위치하고 있고, 서쪽의 청량산(497m)을 등지고 동쪽을 향해 들어서 있었습니다. 그렇다면 청량산이 주산이고, 북쪽으로 뻗은 산줄기가 좌청룡, 남쪽으로 뻗은 산줄기가 우백호, 동문 쪽에 솟아난 산줄기가 안산이라는 뜻입니다. 행궁을 중심으로 볼 때 남한산성의 광주 읍치는 풍수의 명당 논리에 따라 만들어진 것입니다. 명당 형국이 너무나 분명해서 비보풍수를 특별히 설정할 필요도 없었습니다.

---

3 행궁(行宮) : 임금이 궁궐 밖으로 행차(行)했을 때 임시로 머무르던 궁궐(宮)을 가리킨다. 역대 임금들은 지방 순행, 선대 임금의 무덤이나 온천 방문, 대규모 전쟁 발발 시의 피난 등 다양한 목적으로 곳곳에 행궁을 만들어 운영하였다.

남한산성의 내성을 둘러싼 산과 산줄기 중에서 청량산은 가장 높은 산이고, 게다가 산성 안의 평탄지 관점에서 볼 때 가장 우뚝 솟은 느낌을 줍니다. 광주의 읍치를 남한산성 안으로 옮기면서 행궁을 어디에 어떤 방향으로 만들어야 하는지 조사할 때 청량산을 풍수의 주산으로 삼지 않을 수 없었습니다. 풍수의 주산이 그렇게 청량산으로 잡히자 행궁의 터는 자연스럽게 주산인 서쪽의 청량산 아래에 잡았고 방향도 서쪽의 청량산을 등지고 동쪽을 향해 건물을 배치한 것입니다. 그러다 보니까 풍수의 관점에서 남한산성의 정문은 사람들이 가장 많이 오가던 남문이 아니라 동문으로 되었습니다.

남한산성의 광주 읍치가 그림식 고을지도에서는 어떻게 그려졌는지 살펴보겠습니다.(그림 118, 119)

그림 118이 『해동지도』, 그림 119가 1872년의 광주 지도입니다. 두 지도 모두 행궁이 있는 서쪽을 위쪽에 배치하여 그렸는데, 1872년의 광주 지도가 실제 모습에 더 가깝습니다. 어쨌든 청나라와의 대규모 전쟁 가능성 때문에 산성의 정보를 강조하려다 보니까 풍수의 관점에서 전형적인 명당 형국으로 그렸다고 보기는 어렵습니다. 하지만 실제 지형을 변형해서 그렸든, 비슷하게 그렸든 행궁을 중심으로 볼 때 청량산을 주산으로 하여 좌청룡-우백호-안산의 산과 산줄기를 표시하지 않아도 누구든 쉽게 설정할 수 있지 않을까요?

남한산성을 천혜의 요새라는 관점에서만 볼 뿐 풍수의 명당 형국이라는 관점에서는 잘 보지 않습니다. 남한산성에 광주 읍치가

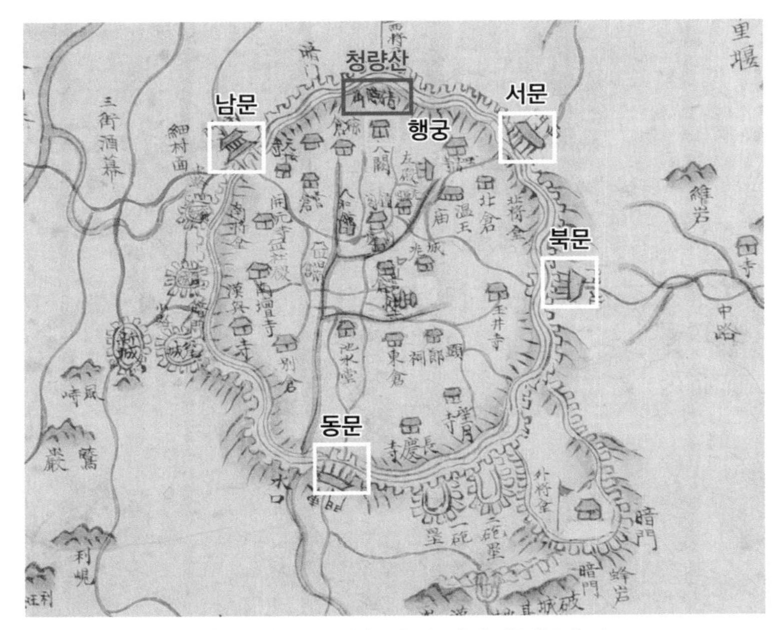

그림 118 광주의 그림식 고을지도 속 읍치(『해동지도』)

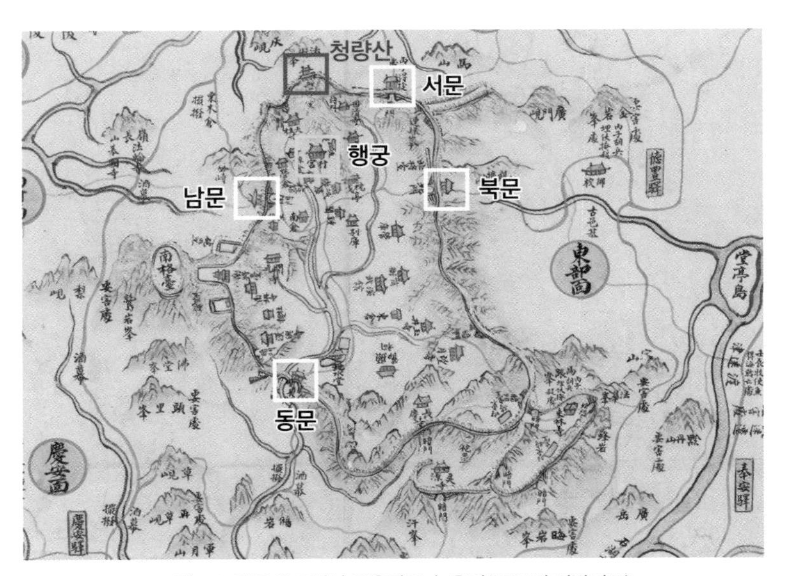

그림 119 광주의 그림식 고을지도 속 읍치(1872년 지방지도)

옮겨간 것이 1626년이니까 이때에는 풍수가 문화 유전자로 자리 잡았을 시기라서 당연히 읍치가 풍수의 명당 형국에 들어서야 했을 것입니다. 게다가 대규모 전쟁 때 임금님이 피난 가서 머물며 전쟁을 지휘할 행궁이 들어선 읍치이기 때문에 더더욱 그래야 했을 것입니다.

끝맺으며

풍수, 고지도, 고을 세 가지의 키워드로 조선을 중심으로 한 우리나라의 도시 역사 여행을 떠나보았습니다. 고대를 중심으로 한 우리나라의 도시 역사 여행은 네 권의 다른 책으로 준비해놓았으니까 2~3년 안에는 출판되지 않을까 합니다.

전국 모든 고을을 살펴보았으면 좋았겠지만 지면 관계상 그건 불가능한 일입니다. 다만 우리나라의 역사에서 아주 예외적인 경우를 제외하면 세 가지 유형의 사례를 벗어난 고을은 거의 없기 때문에 이번 여행만 충실히 잘 따라왔다면 독자 스스로 나머지 고을에 대한 여행을 떠나도 아무런 문제가 없을 것이라고 자신 있게 말씀드립니다. 이제 덧붙일 말이 없습니다. 기존의 통설과 너무나 달라서 어려웠을 글을 읽으시느라 수고하셨고, 함께 여행해주셔서 감사드립니다.